Ex libris
Eduard et Claudia
Figwer

Axel Corti · Der Schalldämpfer

Axel Corti

Der Schalldämpfer

Texte aus den Jahren 1970–1993

Das gelbe Zimmer

„Man muss wohl vor dem anderen Menschen so weit zurücktreten, daß der eigene Schatten nicht mehr ins Bild fällt. Erst dann kann man dieses Bild liebevoll betrachten." Solche Sachen weiß der Heimito von Doderer.
Erst dann . . . wenn der eigene Schatten nicht mehr ins Bild fällt. Erst dann hat es Sinn, den anderen anzusehen. Den, mit dem ich Umgang haben will. So weit zurücktreten, bis der eigene Schatten nimmer zu sehen ist. Die eigene Belastung. Das Vorurteil. Die Verdunkelung auf dem Gesicht des anderen. So weit zurücktreten, daß der sein Recht verliert, der eigene Schatten.
Selten genug, aber manchmal eben doch, finden Sie sich und finde auch ich mich in größerer Menschenansammlung wieder. Mehrere Rudel von Plauderern, zusammengekommen meist nur zu diesem einen Zweck, sich einander mitzuteilen über ein balanciertes Glas hinweg. Zu befragen. Also hörst du zu. Also gibst du, ist es denn notwendig, Auskunft. Manchmal geht das ganz leicht. Kann aber auch etwas schwieriger werden. Du mußt dich verantworten, warum du nicht mit deiner kleinen Möglichkeit jeweils à jour bist.
„Warum sprechen Sie nicht über die Lucona?" „Warum haben Sie nicht über den Golfkrieg . . .?" Habe ich doch. So? Gestern aber nicht. Vielleicht gestern nicht. „Warum nicht Lainz, da müßte man doch einmal wirklich . . ."
Stimmt. Müßte man. Aber die Möglichkeiten, vor allem die vielleicht vorhandene kleine Wirkung so einer winzigen Sendung erschöpfte sich und verpuffte in einen dürftigen Gestank, wenn prompt und vorausberechenbar die jeweilige Zeitung zwei Tage später wiedergekaut würde. Manchmal muß man sich das Darüberherkauen verkneifen. Manchmal mag man sich auch gar nicht berufen, mag

sich inkompetent fühlen, zu allem und zu jedem etwas abzusondern. Manchmal ist es auch schlicht überflüssig, noch einmal auf einen einzuhacken, der ohnehin durch jede Mangel gedreht wird. Und wenn du auch ahnst, daß da noch viel Dreck an mancherlei Bein und Fuß klebt und mehr als einer da noch etwas versenkt haben mag von seinem gierigen Lebensersatz – was sollen solche wabernden Vermutungen, hochgezogenen Augenbrauen, verweisenden Zeigefinger?
Nix sollen sie. Auch der Lärm der Straßenbahn an der Ecke Soundso, auch die in sinnlosen Intervallen schaltende und blinkende Verkehrsampel an dieser ganz bestimmten Kreuzung: das sind, darf ich das ganz bescheiden in eigener Sache sagen, nicht die Themen dieser Kleinigkeit hier. Dann wäre das ja ein Beschwerdebriefkasten, ein kommunaler. Das aber soll's nicht sein.
Keine journalistische Arbeit ist hier je geplant. Vielleicht manchmal das halblaute, auch spielerische Nachdenken über etwas, das nicht allzu wichtig genommen werden sollte. Nicht zu heiß gegessen. Nicht zu laut verhandelt. Und wenn auch – noch einmal – Heimito von Doderer für sich erkannt hatte, ein Jornalist sei ein Mensch, der immer Wichtiges zu tun habe – und daher nie zum Wichtigen komme –, kann hier doch, trotz fehlender journalistischer Vorhaben, kein Anspruch auf Wichtigkeit erhoben werden.
Nein.
Aber so was, was mir neulich passierte, aber so was ist es allerdings wert, entzückt berichtet zu werden.
Also: Menschenstrudel, durcheinanderquirlende Glasbalancierer, Nasse-Brötchen-Geber. Und da stand ich vorgestern neben einem Menschen – was für eine Nase hatte der, was für einen gut geschnittenen Kopf, was für eine elegante, aber eben doch leicht besorgte Körperhaltung, ein manchmal lachendes, offenes Gesicht . . . aber täusch dich

nicht, ein bissel wie in einem Gebüsch stand der und lugte da heraus. Schützte sich. Und zwar auch so:
Ruderte ein Trüppchen gesprächslüsterner Blondinen auf den Menschen zu, holte im Ankommen schon tief Luft, aber eigentlich bloß, um eine ungenaue Frage abzuschießen, den Herrn betreffend, den sie auskundschaften wollten. Der aber stellte seinerseits, kaum hatte er sich durchaus wohlerzogen vorgestellt, stellte eine so klare und dabei so einfache Frage, daß die Welt einen kleinen Herzschlag still wurde – und dann machte es „Boinng"! Und dann aber . . .!
Er fragte nicht mehr, aber auch nicht weniger als das da: „Haben Sie auch ein gelbes Zimmer?"
Die Damen stutzten. Alles wurde noch blonder an ihnen. Sie schnappten nach Antwortluft. Sie waren in ihren unvernünftigen Fragen angehalten – denn hier war ihnen selbst eine Frage gestellt worden. Eine Frage nach privatem Wohlbefinden, womöglich. Die Frage nach einem gelben Zimmer. Und: Sie holten aus. Sie kreisten das Thema langsam ein. Sie wandten sich sehr bald schon mehr einander zu, bekräftigten das tatsächliche Wohlsein, das von der Farbe Gelb ausgehen könne, Sonne im Zimmer, Frühling im Zimmer. Sie erwogen auch, warum sie eigentlich *kein* gelbes Zimmer hätten, denn sie hätten ja allerhand Zimmer, und die meisten seien viel zu üppig angeräumt . . . Sie besprachen das, was sie von der Wirkung von Farben auf Menschen zu wissen glaubten und vergaßen nicht, ihre Ehemänner tadelnd zu erwähnen, die in dunklen Räumen ihren Geschäften nachzusteigen pflegten.
Das gelbe Zimmer?
Das Gespräch zog seine Mäander. Der freundliche Frager stand in seinem Gebüsch, warf ab und zu ein Wort ein, sparsam, versteht sich. „Zitronengelb ja!" sagte er etwa. „Dottergelb eher nein!" Und hatte ja da auch recht, denn

wer will schon als Fliege in einem eierspeisfarbenen Zimmer herumkriechen, nicht wahr?
Das gelbe Zimmer verursachte zwitschernde Unruhe. Man war sich gar nicht einig, *wie* gelb. Aber man fand sich in der Freude, daß Gelb ins Zimmer gehöre. Wie schön und, nicht wahr, wie eigenartig, daß ein Mann, ein so kultivierter Mann wie dieser hier, sich so mitfühlend nach einem etwa vorhandenen gelben Zimmer zu erkundigen vermochte. Oder rücksichtsvoll das Fehlen eines gelben Zimmers beleuchtete, eine gelbe Lampe hochhielt sozusagen – und dadurch allerhand in Gang brachte.
Das Gespräch drehte seine kleinen Strudel etwa zwölf Minuten. Es war eine Freude. Und für den Gutgeschnittenen so gar nicht anstrengend. Das gelbe Zimmer tat seinen Dienst ganz von alleine.
Er genoß den Abend. Er sah hinter dem Gelb allerhand Menschen. Er freute sich. Gar nicht zynisch. Sehr liebenswürdig allerhand Menschen zu einem zwölfminütigen, gelben Glück verhelfend. Er wollte bloß nicht unfreiwillig dazugehören. Überzeugungen können in weit schlechtere Gesellschaft bringen als Laster. Raunte er mir zu. Er war es, der solche Dodererzitate wußte.
Man kann, zitierte er, mit ausgezeichneten Männern das Saufen und mit Hundsgesichtern eine Weltanschauung gemeinsam haben.

17. März 1991

Die sehr geehrten Herumgeher

Die sehr geehrten Herumgeher werden von der Bevölkerung mit Herzlichkeit empfangen. Die sehr geehrten Herumgeher finden nie eine verschlossene Tür, sie blicken nie in ein finsteres Gesicht. Die sehr geehrten Herumgeher werden von den Bewohnern der Städte und von den Bewohnern des flachen Landes gleichermaßen unterstützt, nämlich: sehr. Nämlich nachhaltig.

Nämlich, da kommt die Bevölkerung einer Straße zum sehr geehrten Herumgeher, der für diese Straße zuständig ist, und berichtet und plauscht und wispert und packt aus und hält mit nichts hinterm Berg und will auch nix für sich behalten, und der sehr geehrte Herumgeher weiß, was los ist in seiner Straße und in den angrenzenden Gassen. Und wenn er es für notwendig und richtig hält, dann notiert er, was er sieht und beobachtet; meistens aber notiert er, was andere Leute gesehen und beobachtet haben. Das kommt ihm zugute. Das baut ihn auf, und das baut die Lust am Bösen in seiner Gasse ab.

Heißt es.

Die sehr geehrten Herumgeher werden wirklich so genannt, und wenn man ihnen durch Übersetzung was Liebes tun will, dann nennt man die sehr geehrten Herumgeher bei uns sehr geehrte Umhergeher. So klingt's komischerweise ehrbarer, würdiger, vornehmer. Ich weiß auch nicht, warum die deutsche Sprache uns so ein Phänomen frei Haus liefert, aber es stimmt doch, nein? Umhergeher – das hat was Peripatetisches, hat was vom Geistlichen, der sein Brevier, vom Philosophen, der seine Gedanken umschlägt. Hat was von schöner Muße und ruhiger Gelassenheit. Aber Herumgeher – das ist doch wie strawanzen, lungern, lümmeln, Zeit totschlagen, herumtreiben und herumgetrieben werden. Das

klingt nicht seriös. Da kann man sich gewiß nicht drauf verlassen.
Bei uns, die wir deutsch sprechen.
Und ins Deutsche zu übersetzen haben, nämlich aus dem Japanischen, was die Herumgeher anbetrifft, die sehr geehrten.
So werden die vielen, vielen, vielen Polizisten genannt, die in Japan rund um die Uhr – so durfte ich einem periodisch erscheinenden Druckerzeugnis entnehmen – ihren Dienst versehen. An jeder Straßenecke alle zehn Minuten ungefähr ist ein oft winziges Ecklokal, schlicht, ungemütlich, mit immer mindestens einem Kieberer besetzt. Zehn sehr geehrte Herumgeher teilen sich die 24 Stunden, in denen sie im Polizistenkammerl auf Besucher warten oder aber in den Straßen, ja, richtig erraten, herumgehen und warten, daß man auf sie zukommt.
Die Leut'. Die Leut' – so ist es der sehr geehrte Herumgeher gewöhnt, er kennt's gar nicht anders –, die Leut' sehen ihn von weitem. Sie beschleunigen ihren Schritt, die Leut'. Aber nicht, um die nächste Hausecke zu erreichen, um da drum herum zu verschwinden, aber wo: *entgegen* gehen sie ihm, beschleunigen sie. Auf ihn zu, nicht von ihm weg.
Dabei ist der sehr geehrte Herr Herumgeher ein Polizist.
In Japan – ich entnehme auch das dem Druckerzeugnis – sinke deshalb die Rate der Unzuchtsverbrechen, der Einbrüche, der Meldeschwindel, der Terroranschläge, der Diebstähle, der Alimentenvergehen, ach, alles, wo ein sehr geehrter Herumgeher was Unrechtes dran finden oder auch nur vermuten könnte. All das geht zurück und zurück und zurück und kümmert so gerade eben dahin.
Denn: Die Bevölkerung liebt den Streife gehenden Polizisten.
Geht er herum, bleibt er selten allein. Bald gesellt sich ein Bewohner seines Reviers zu ihm und berichtet. Plaudert.

Gestern war Streit in der Fischhandlung. Der Fischhändler soll zu schlapp abgewogen haben. Am Abend hat Herr Tangakawa im Hause 78 seine Frau irgendwie hart angefaßt, denn die Vortreffliche Morgenblüte Tangakawa hat zwischen 20 Uhr 34 und 21 Uhr 12 ziemlich laut geschrillt, man konnte es weitherum hören. Dann muß im Haus 13 ein neuer Mieter eingezogen sein, eigentlich ein Untermieter. Klein, dick, etwa fünfzig, wenig Haare, er fährt ein altes Moped, zieht sich nicht besonders sorgfältig an und verläßt das Haus immer erst gegen Nachmittag, kommt dann in den frühen Morgenstunden zurück – das aber immer leise, nie knattert er mit dem Moped, nein, er schiebt es, wohl um die Nachtruhe der Anrainer nicht zu stören. Oder – um nur nicht aufzufallen ...??? runzelt der den sehr geehrten Herumgeher Begleitende die Stirn. Und der sehr geehrte Herumgeher runzelt seinerseits und schiebt sein weißes Fahrrad etwas langsamer ... Wie war die Hausnummer – 12? Ach so, 13, ja ... In welchem Stock wohnt der neue Untermieter? Im fünften? Wer ist der Hauptmieter und so weiter, fragt der sehr geehrte Herumgeher. Und geht dann weiter herum – nämlich ins Haus 13, in den fünften Stock. Und dort läutet er oder klopft auch, und der Untermieter – ja, er ist da, er erscheint, im Kimono noch. Eben ist er aufgestanden. Gerne bittet er den sehr geehrten Herumgeher herein, eine Tasse Tee wird's doch wohl sein dürfen, wie? Und der sehr geehrte Herumgeher zückt seinen Fragebogen und fragt und notiert und erkundigt sich freundlich nach dem Woher und Wohin und Warum und Wie ... Und was er nicht fragt, das sagt ihm der dickliche Herr mit dem verschwitzten Kimono gerne noch freiwillig dazu. Aber ja, was will er denn verbergen, die Nachbarn bringen's ja sowieso heraus und erzählen's dem sehr geehrten ... Ja.

Denn er wird gemocht. Man geht ihm zu. Man sucht ihn, wie gesagt, auf. Kreuz und quer laufen die kleinen und

etwas größeren Informationen durch Japans Städte und durchs Land. An Herumgehern scheint kein Mangel zu herrschen, und sie haben den Auftrag, sich mit den Menschen in ihrem Bezirk anzufreunden, ihr Vertrauen zu gewinnen, sie an den Arbeitsplätzen und in den sehr geehrten Kneipen, Pinten und Beiseln zu treffen. Und das tun sie auch.
Einer – letztes Zitat aus dem Druckerzeugnis –, einer hatte in seiner Straße einen Fremden zu überwachen, einen Ausländer. Und als der mal zwei Tage nicht zu sehen war, da ging der sehr Geehrte nicht nur herum, sondern hin, zum Ausländer, und der erwies sich als krank. Und was machte der Herr Polizeiwachtmeister? Er schickte ihm seine Tochter, daß die die Pflege des Fremden übernehme.
„Herr Inschpekter, schaun S', mir is so mies, schickn S' ma Ihre Tochter, jo??"
Eine Idylle?
So könnte man meinen. Und befriedigt aufseufzen, wenn man hört, wie wegen dieser unermüdlich beobachtenden Mitarbeit der Bevölkerung so manches Verbrechen verhindert wird in Japan. Na ja, einerseits.
Andererseits: erinnern Sie sich an das Zitat? Der Polizist hatte den Ausländer in seiner Straße zu – wie bitte? –, zu überwachen. *Drum* merkte er die Krankheit, *drum* konnte er so menschlich sein und die Tochter mobilisieren. Was hatte er zu überwachen? Nur das Ausländersein? Oder wie?!
Jeder Mitbewohner im Haus ein kleiner Blockwart. Jede Trafikantin eine Geheimnisträgerin. Jeder Hauswart ein Beobachter. Jeder Schritt bekannt. Jeder Name nachgefragt. Jedes neue Gesicht als neu weitergemeldet. Die Fensterpolsterindustrie muß dort Rekordumsätze haben, denn das Armpolsterl dessen, der beim Fenster heraushängt, um zu klären, zu prüfen, zu beobachten, was denn so läuft in der Gassen, das muß ja arg strapaziert sein im

Land der aufgehenden Sonne. A bisserl kalt wird einem schon, wenn das also das Ergebnis der wunderbaren Vertrauensatmosphäre ist . . .
Dann bitte doch lieber nein! Jeder sehr geehrte Straßenbewohner ein kleiner XY-Jäger. Und dahin kommt's doch, wenn einmal die Jagd frei ist, wenn der Informant erst einmal bedankt und belohnt, ja, und vor allem angespornt wird.
Eine Polizei, die nur im überheizten Zimmer dunstet oder im engen Funkstreifenwagerl schwitzt und „Dorabittekommen" nuschelt, die ist sicher nicht so gut wie eine, die mit den Leuten noch Kontakt hat. Aber ein Kontakt wie: „Herr sehr geehrter Herumgeher, habn S' scho g'hert . . ." – der ist faschistisch, faschistisch ist der, unseligen Angedenkens.
Und noch was: Der Fischdiebstahl, der Gemüsediebstahl, der Fahrraddiebstahl und viel andere Kriminalität geht in Japan zurück. Gut. Besser. Lobenswert.
Die Korruption, in Ämtern und auch in Teilen der Regierung, in Großindustrie und Gemeinden – die nicht! *Die nicht!*
Na ja – in Japan. Bei uns ist das alles anders.
Und drum sind wir ja auch so froh.

12. November 1977

Eine süsse Qual

Die alten Chinesen, die alten, versteht sich – von den neuen wird man sich hüten, derartiges zu berichten, kaum, daß wir ihnen unseren staatlichen Stahl verhökern dürfen –, die alten Chinesen, können aber auch die Japaner gewesen sein, aber ja, beweisen Sie erst mal das Gegenteil, ja? –, die alten also, Chinesenoderjapaner,
die hatten eine, neben vielen anderen, *eine* ganz besondere Sonderfolter.
Nein, nicht das Wassertröpfchen, langsam heruntertrenzend auf den kahlrasierten Kopf des Herrn Geständnisunwilligen, den nach dem Prinzip: Stetel Tlopfen höhlt die Bilne, dergestalt in Raserei versetzend und mählich durchlöchernd, bis er, völlig entnervt und perplex, gesteht, was er gar nicht weiß und alles, alles sagt, was die alten Chinesen, oder auch Japaner, is eh klar, etwa von ihm wissen wollten.
Diese Folter meine ich nicht. Vielmehr die andere, im Handbuch der klassischen Foltern aus der Ming-Dynastie unter dem zart umschreibenden Begriff der „Zweihundertsiebenundzwanzigsten Übung, auch ein Falter muß eine Raupe sein, ehe er in den Morgen fliegt, Seide wächst langsam, schmückt aber die Geliebte unübertrefflich, die vier Jahreszeiten kommen und gehen, der Wartende reift, die Kirschen röten sich mählich", so und nicht anders also in dem Folterhandbüchlein benannt und ebenda festgehalten.
Diese Sonderfolter der alten Chinesen ist heute die ganz gewöhnliche Tagesordnung überall da, wo einer hinter der Budel oder auch hinter einem Schreibtisch die Stellung hält, ha, da ganz besonders. Vor allem, wenn er sich ein kunstledergepolstertes Türchen leisten konnte, zwischen sein Leben und die Welt geklemmt. Oder aber auch nur in

öffentlichen Häusern, sei's Kaffeesiederei, sei's Garküche, ist diese Folter gang und gäbe und wird zur leisen Meisterschaft emporstilisiert.
Wie denn das? So denn das!
Na, das können Sie haben.
Doppelpunkt:
Es handelt sich ums Wartenlassen. Ums grausame, rücksichtslose, oft vollkommen sinnlose, jedenfalls aber selten begründbare Wartenlassen. Etwa so:
Einer sitzt im Kaffeehause, veranlaßt einen kleinen Braunen. Dieser, nach einigem Zögern, dann aber doch: kommt.
Einer trinkt den kleinen Braunen, der, da eben doch etwas verzögert erschienen, schon lauwarm zu werden beginnt, statt heiß zu sein, daß es zischt wie die allzu seltene Sünde.
Einer hat was zu besprechen. Suchte die Kaffeesiederei eigens zu diesem Zwecke auf. Ließ sich den Kaffee zur Unterstützung des konzentriert geführten Gespräches kommen. Führt also das Gespräch, hat den Kaffee, da lauwarm, längst geschluckt, hat also nix mehr zur Unterstützung seines Hirns. Das Gespräch hat sein Ziel erreicht, ist zu Ende. Der Partner, ohnedies vermutlich draußen irgendwo falsch geparkt oder sonstwie sein Gewissen belastet wissend, eilt, unter Hinterlassung einer Handvoll Scheidemünzen, hinaus, „kannstdubittefürmich . . ." Ja, einer kann. Und ruft den Kellner, besser: Ober, und bittet, zum Zahlvorgang schreiten zu dürfen.
„Sofort, komm' gleich", sagt der Ober. Und legt sich, mit einem Tablett, vollgestellt mit vermutlich Lauwarmem, in die Kurve. Verschwindet hinter einem Pfeiler.
Pause. Drei Minuten.
Drüben versucht ein uralter Schnurrbartträger einer uralten Schnurrbartträgerin die Speisekarte vorzulesen. Die Schnurrbartträgerin ist unwillig, zetert, „aber so laß mich

doch!!!", will nicht essen, was der Alte zu bestellen vorschlägt. Das hat man davon, daß man vorliest, nämlich die Speisekarte.
Vier Minuten.
Der Ober kommt gelassen um den Pfeiler zurück, nunmehr das leere Tablett an die Hosennaht schlagend, wedelt in aller Ruhe einen Tisch eben so im Vorübergehen ab, enteilt küchenwärts.
Pause. Zweieinhalb Minuten.
Da liegt eine Zeitung. Aufgeschlagen. Einer liest, es werde ein Fremdenführer gesucht, männlich, für Hofburgschauräume (Kaiserappartements), als vollbeschäftigter Bundesvertragsbediensteter. Höchstalter 45 Jahre. Englisch- und Französischkenntnisse erforderlich, na freilich. Bewerbungen bei der Burghauptmannschaft.
Auch steht da: Suche junge Verkaufskraft (Anfängerin) für modernen Würstelstand.
Schließlich steht zu lesen: Tiermalerin. Porträtiert Ihren Hund künstlerisch *und* lebensecht. Tel. 021 01 51 und so weiter.
Dieses Land bietet wahrlich einen Querschnitt durch die menschlichen Leidenschaften. Denkt einer. Dieses Land ist eine Republik, daran besteht kein Zweifel mehr, seitdem fürs Kaiserappartement Fremdenführer unter 45 gesucht werden, männlich, vollbeschäftigt, denn alle wollen immer wieder nachsehen im Kaiserappartement, ob die Republik noch wach ist oder schon ins Bett gegangen, z'wegn dem Nachholbedarf. Die junge, die keusche Republik mit all ihren Schmalfilmkaisern.
Was aber, denkt einer, ist ein moderner Würstelstand?
Dreieinhalb Minuten.
Der Ober lehnt an der Kasse, lächelt verträumt, prüft seine Fingernägel.
„Herr Ober . . ."
„Ja, sofort", strahlt er zurück. Setzt sich in Bewegung,

begibt sich zu einer Vitrine, in der, offenbar unter Kälte, ungeheuer hohe, schaumige, gatschige, Damengaumen ungeahnte Wonnen verschaffende Ersatzerlebnisse lagern, Kuchen von bedeutender Farbenfreudigkeit und Schlatzigkeit. Der Ober ergreift, vermutlich in Ausführung einer ebenfalls schon länger zurückliegenden Bestellung, eine Kuchenschaufel, klemmt das Schaumgatschgebirge resolut zwischen Schaufel und Daumen, drückt ebendiesen letzteren fest in das Gebirge. Flopp, landet das Klebrige auf dem Teller. Der Daumen wird nachdenklich abgelutscht und ist so wieder sauber für den restlichen Tag. Die Vitrine wird geschlossen, der Kuchenhügel scheppert auf den Tisch der maunzenden schnurrbärtigen Dame, während der schnurrbärtige Herr, der solche Kuchen offenbar vorzulesen verstand aus der Karte, noch gar nix hat und angeekelt auf all das Rosa und Weiß und Schokoladebraun und Teiggelb blickt. Das haben sie nun davon, die beiden. Vier Minuten.

Was aber ist ein moderner Würstelstand?

Denn der Kellner treibt sich zwar am Tisch vorbei, lächelt zwar, er komme bald, geht aber nur zu einem Zeitungsberg, ordnet den lässig, liest ein bißchen, kurz nur, versteht sich, findet vielleicht seinerseits, daß eine Anfängerin als Verkaufskraft für den modernen Würstelstand gesucht wird, wird sich aber, als Fachkraft des Gastgewerbes, gewiß nicht fragen, worin sich eine erfahrene Würstelstandverkäuferin so wesentlich von einer Anfängerin unterscheiden mag. Gilt es da, Pfefferoni so mühsam von Frankfurtern, oder Klobassen so hoffnungslos von Schokoladetaferln zu unterscheiden? Ist die Führung des senfklacksenden Löffels eine besser erlernbare solche? Oder will der Ober seinen Hund künstlerisch porträtieren lassen? Und lebensecht?

Er kann sich jedenfalls nicht entschließen, den Rufen, den unterdes schon erregten Rufen des einen in sinnvoller Wei-

se Folge zu leisten, also: nicht nur freundlich zu nicken, vielmehr auch tatsächlich zu kommen. Es ist ein Spiel. Offenbar ist es ein Spiel geworden. Eine süße Qual, ein absichtliches Hinauszögern, ein Bis-an-die-Grenze-Treiben, des gerade noch Erträglichen nämlich. Ein Spiel deswegen, weil tatsächlich sinnlos. Ohne erkennbaren Sinn jedenfalls. Nicht auf Überarbeitung, Beanspruchung, Tätigkeit dessen zurückzuführen, der da Lauwarmes gebracht hat oder bringen sollte, jedenfalls aber sein Geld bekommen für geleistete Dienste. Nein – noch ein bißchen . . .
Er lehnt unweit der Kasse, er äugt, ob wo nicht Wasser fehlt, er späht nach neuen Gästen und deren Wünschen . . . Noch – aah – noch ein ganz kleines bißchen, noch nicht – ich kann doch nicht sofort das Ritual einleiten, da bedarf es doch noch einiger kultischer Tänze . . .
Der eine, seinen kleinen Braunen vor einer Stunde geordert habend, der eine sieht sich auf einen Altar geschnallt. Und will aber nicht. Und steht auf. Und geht aus dem Tempel. Und prellt die Zeche. Aus Rache. 21,70 inklusive.

10. Dezember 1972

Rundfunk 1952

Wer hinter die Puppenbühne geht, sieht die Drähte. Oder die Fäden.
Wie an den allermeisten banalen Erkenntnissen ist auch an der hier was Wahres. Kann man nicht leugnen. Und sie stammt – und damit sind wir schon beim Zitat und also in der ganz seriösen Ecke des Kellers –, und sie stammt von einem veritablen Autor. Dem von „Max und Moritz" nämlich. Von dem, der die „Fromme Helene" schrieb. Wilhelm Busch also.
Eine einfache Erkenntnis. Aber eine, die trifft. Peng! Das sitzt. Und jeder, der aufsteht unten im Marionettentheater, um seine Neugier zu befriedigen, um nachzusehen, was denn „dahinterstecken" könnte, um „dahinterzukommen" – jeder Neugierige sollte öfter einmal Klugheit entwickeln. Und sitzen bleiben. Und dem Krokodil zuschauen, wie das sich langsam an den Hosenzipfel des Hanswurst heranschleicht, gellend und verzweifelt heftig angekündigt von den Kindern, die im Parkett hocken, und den schönen Graus, das wohlige Entsetzen, vom gesträubten Nackenhaar abwärts die Wirbelsäule entlang kribbeln lassen.
Morgens, um halber sechse, kann auch fünf gewesen sein (nein, doch wohl eher halb sechs), erscholl hinter der Puppenbühne zuerst immer der Gong. Nein, stimmt nicht, vorher das Pausenzeichen, plimplimifiziert, auf der Celesta geklöppelt; irgendwann einmal, vor langer Zeit. Das plimpelte so einige sieben bis zehn Minuten vorher. Damit jedermann wußte. Dann der Gong. Bbblloooiiinnnngggg! Dann sagte eine sonore Stimme, hier sei die Radiostation Soundso. Man habe den Soundsovielten. Ein guter Morgen rings im Lande werde gewünscht. Jawohl. Auch habe man die Nachrichten parat, und die werde man jetzt zu Gehör

bringen. Sowie den Wetterbericht. Samt den Lawinenwarnungen.
Dann wurde von Rom, Paris, Washington, Ulan Bator sowie Kufstein gesprochen. Die Neuigkeiten wurden dem verschlafenen Land berichtet. Der neue Tag begann. Man schlurfte daheim vom Schlaf- ins Badezimmer. Man sumperte in der Küche herum. Man ließ das Wasser heiß werden, das über den Kaffeefilter oder in die Teekanne zu gluckern hatte. Kaffeemaschinen gab's nicht. Oft gab's auch keinen Kaffee, sondern seltsame, schwarzklebrige Granulate, die außen auf der Papierpackung Gemütlichkeit ankündigten sowie den beruhigenden Spruch: „Im Hmtata ist alles drin."
Wahrlich der Höhepunkt der Gaumenfreuden. Schwere Drohungen schon in aller Herrgottsfrühe.
Das waren die Zeiten, als das Radio zwar schon ganz und gar dazugehörte, aber doch so spannend war, daß die Leute gerne hinter die Puppenbühne gegangen wären. Sie lasen in der Zeitung, welches Radioprogramm gut gewesen war, vorgestern am Abend. Und welches nicht. Sie wollten wissen, wer was wie hinterm Mikrophon trieb. Die Reporter der Rundfunkstationen schnallten sich gewichtige Magnetophone um. In Leder waren die eingenäht, schwere, gußeisern wirkende Geräte, die wie alte Koffergrammophone mit einer Kurbel aufgezogen zu werden hatten. Da saß der kluge Gesprächsführer dann, stellte seine listigen Fragen souverän und gelassen. Und kaum begann der Befragte seine Antworten zu formulieren, hatte der Reporter wie ein Irrsinniger an der Kurbel zu nudeln, drehte und drehte – und wehe, er tat's nicht! Dann lauschte er zwar fasziniert – und das waren ja die Augenblicke, in denen man das Gerät vergaß, die Kurbel vergaß, den Antrieb versäumte: wenn die Gespräche verblüffend verliefen, andere Wendungen nahmen als vermutet, wenn der Angesprochene, der Befragte aus sich herauszugehen begann.

Dann lauschte der Reporter zwar hingerissen, aber er blieb auch der einzige Hörer.

Zu Hause dann, im Studio, wenn er das Gespräch überspielen lassen wollte, begann die Rede des Befragten auf einmal langsamer zu werden und tiefer und tiefer zu rutschen, und jaulend und armselig stand das Ding dann still. Siebzehn Minuten besten Gesprächs waren der Faszination zum Opfer gefallen. Es war nicht gekurbelt und war auch nicht genudelt worden.

Mit solchen Geräten zogen die Reporter hoch in die Berge und berichteten von waghalsigen Almtrieben, in denen Schafe von einem Tal ins andere, winters, im Schnee, zu marschieren hatten. Das taten die Schafe, oder doch deren Vorfahren, seit Jahr und Tag. Man kannte es nicht anders. Das umgeschnallte, gußeiserne Magnetophon vermittelte das, mit viel Gekeuche:

„Und jetzt – seh ich den Mumelter Luis, den bewährten Bergführer und Schafhirten – vor mir – in einer Schneewächte – bis zur Brust – eingesunken – kämpft er sich jetzt zu dem Lamperl – dem Lämmlein – vor, das das trächtige Mutterschaf soeben – hier oben, in 2300 Meter Höhe – geboren hat – kämpft er sich jetzt – zu dem Lamperl, dem Lämmlein, dem kleinen Lamm – und legt sich – meine lieben Hörerinnen und Hörer – das müßten Sie sehen – ein Bild wie aus Urvätertagen – sozusagen gewissermaßen – und legt sich . . . Hhhuuuuuuiiiiiiiuuuuhhhhh . . . legt sich das Lämmlein, das Lamperl über die Schultern, der Mumelter Luis, ein guter Hirte, der gute Hirte, auf 2300 Meter Höhe, von wo wir Ihnen . . ."

So ging das zu. Unter wildem Gekurbel und Genudel. Und das „Huuuiiihhhuuuu" war natürlich der Wind, der konnte aber da oben überhaupt nicht aufgenommen werden. Wind nämlich klingt im Mikrophon ganz anders, klingt wie Prasseln und knatterndes Blubbern. Das ist Wind im Mikro. Außerdem konnten, ja *mußten* die gußeisernen Re-

portophone mittels eines Drehknopfes gedämpft werden. Man konnte die Umweltgeräusche und störenden Beeinflussungen des Mikrophons herausfiltern, wegdämpfen, zack, da blieb fast nur noch die Sprache übrig. Und so wurde das „Huuuuiiiihhhhuuu" daheim, im gutgeheizten Studio, dazugemixt. „A bissel a Drama mueß schon sein . . .", sagte der gewiefte Altreporter.
Mit der Hand wurde der Gong geschlagen – um noch einmal aufs Aufstehen zurückzukommen; mit der Hand. Der Gong hing rechts neben dem Nachrichtensprecher, rechts unten, am Tisch angenagelt und an einer geflochtenen Schnur baumelnd. Denn ein Gong muß baumeln, eh klar. Sonst klingt er nicht.
Aber: hinter der Puppenbühne. Die Drähte. Wer die gesehen hätte . . .
Manchmal kamen Führungen ins Rundfunkstudio. Gewichtig erklärte ein Herr mit Schnurrbart, was es zu erklären gab. Es konnte schon einmal geschehen, daß man ins Nebenstudio trat und durch die dicken, doppelten Glasscheiben den wohlbekannten Herrn Rundfunksprecher sehen durfte. Da saß er, artig gekampelt und krawattiert, las alert vornübergebeugt, was es Neues aus Rom, Paris, London zu berichten gab. Konzentration umwölkte seine Stirn. Ein Mann, nehmt alles nur in allem, ein Mann, hingegeben dem wichtigen Berufe des sonoren Verkündens.
Aber um halber sechse: Da kam keine Führung. Da schlief der Herr mit dem Schnurrbart noch. Da saß der sonore Verkünder ganz allein in seinem ungelüfteten Studio, nebenan werkte der Techniker, meist ein seriöser, technisch halt vorgebildeter und über ein geregeltes Familienleben verfügender Sohn der Alpen. Der kam frühmorgens mit dem Fahrrad, zuweilen sogar mit einem Motorrad angefahren und begab sich an seine Geräte. Währenddem die ungeregelten sonoren Herren Rundfunksprecher nicht sel-

ten im alten Rundfunkstudio schliefen. Sie verfügten über ein gemeinsam verwaltetes Klappbett; auch horteten sie zuweilen Schlafanzüge in diversen Spinden, und in denen, das konnte schon einmal vorkommen, saßen sie verschlafen und keineswegs gekampelt und versahen den Beginn ihres Frühdienstes längsgestreift.
Hinter der Puppenbühne war niemand. Keiner kam um halber sechse, um nachzusehen, wie denn das Radio wirklich aussehe. Seriös und sonor verkündeten die jungen Bolde, was es aus Rom, Paris, London und Kufstein zu berichten gab, sowie aus dem Ultentale und von der ewig gesperrten Strecke Wart–Lech am Arlberg droben, wo die Lawinen donnerten. Ab und zu redeten die Herren ein bissel zu langsam, wegen starken Schlafbedürfnisses oder weil ihnen die Schlafhaube noch in die Augen rutschte, aber das schätzten die Bewohner der weit und tief hinreichenden Täler ganz besonders. „Endlich versteasch sie amol, die Teifln, weil sunscht reden s' ja wie a MG 42, so schnattern s' daher!" Die Metaphern holten die Bewohner der Täler gerne aus der Militärsprache. Das 42er MG galt ihnen als Synonym für eilige Unverständlichkeit. Mit dem MG 42 hatten sie lange Jahre hindurch Unverständliches durchgeführt.
So war der Rundfunk 1952. Man wußte es nicht besser. Wer zusieht, sagt abermals wie Wilhelm Busch: „Wer zusieht, sieht mehr, als wer mitspielt."

5. März 1989

Abgeordneter, privatisiert

Natürlich ist Privatisierung gut. Selbstverständlich muß der Schlendrian der todsicher abgefederten staatlichen und halbstaatlichen Schlafhaubenfabrikanten endlich einmal aufhören. Natürlich ist es erstklassig richtig, wenn es was zu verkaufen gilt, sich auf den Markt zu begeben. Aber nicht nur, was das Verkaufen angeht, sondern auch, was die Art, wie angeboten, wie Marketing betrieben wird, mit wie vielen Mitarbeitern – oder besser, mit wieviel weniger, aber nachdrücklicher arbeitenden Mitarbeitern – meine Ware erzeugt werden könnte. Privatisierung, kurzum.
Die Straßenbahn sollen sie privatisieren, heißt es. Nein, würde gar nicht teurer. Würde bloß effizienter geführt. Würde kundenfreundlicher gehandhabt. Wäre komfortabler. Wäre der Viertelstundenbummeltakt nimmer so lang und so unzuverlässig. Und solche Sachen meinen die Straßenbahnbenützer, knurrend an der Haltestelle, wartend und wartend. Immer kleiner werden sie vor lauter Warten, und wenn die Bahn dann endlich anbimmt, dann werden die Fahrgäste saurer und immer saurer, weil sie so langsam, so zögerlich, so stockend dahingrammelt.
„Privatisiert g'hert des Graffl!" murrt der Fahrgast.
Und hat er nicht recht?
Es ist sinnlos, alles von oben her verwalten und dirigieren zu wollen. Jeder soll sich, wie er meint, glücklich machen. Oder, wenn er sich's leisten kann, sich glücklich machen *lassen*. Doch. Soll er.
Zum Beispiel mein Freund Tim hat absolut vor, sich nicht mehr von einem demokratisch zu wählenden Abgeordneten vertreten zu lassen. Da wählt er ja höchsterdings die Partei, sagt mein Freund. Und die schnalzt ihm dann einen Herrn Abgeordneten hin, den er weder kennt noch auf

Herz und Nieren überprüfen konnte, dem er überhaupt nicht sehr viel zutraut, außer dumpfem Gehorsam der von ihm tief gegrüßten und hochverehrten Partei gegenüber, die ihn ins Hohe Haus gehoben hat.
Das will Tim, der mein Freund ist, nicht mehr. Tim hat vor, für die Privatisierung des Abgeordneten einzutreten. Tim kann sich das leisten. Tim hat Vermögen. Auch ich habe, wie man sieht, einen reichen Freund.
Tim also meint, er werde sich, kaum wäre das Abgeordnetenwesen einmal wirklich privatisiert, einen Abgeordneten . . . nein, nicht *kaufen!* Wo denken Sie hin? Er will sich einen anstellen. Auf privatwirtschaftlicher Basis, Werkvertrag über zunächst einmal eine Legislaturperiode. Da kann er sich den besten Mann – oder den, der ihm so vorkommt – aussuchen. Kann ihn testen. Kann ihn auf Fachkenntnisse, Fremdsprachenkenntnisse, sogar Deutschkenntnisse überprüfen lassen. Was versteht der Mann außer den Regeln der geschlossenen Abstimmung noch? Hat er Durchsetzungsvermögen? Hat er Intelligenz? Tim legt Wert auf Intelligenz, so altmodisch ist er. Gefinkelte Schlauheit und Kadavergehorsam liegen ihm nicht so sehr am Herzen. Tim würde so weit gehen, behauptet er, von seinem Abgeordneten eine Weltanschauung zu erwarten. Eine wirkliche! Jenseits des Parteiprogramms. Er wäre erpicht auf Widerpart, auf Auseinandersetzung, auf Kritik von seiten seines eigenen Abgeordneten. Mein Freund Tim würde sich nicht als Parteioberer gerieren – könnte er gar nicht, er *ist* ja bei gar keiner Partei. Er würde sich als privatwirtschaftlicher Freiberufler einfach einen Abgeordneten anstellen, denn einer muß ja im Hohen Haus die Dinge vertreten, die sonst keiner vertritt.
„Ich könnte ihn auch vermieten", meint mein Freund ziemlich unverfroren. „Leasing oder so. Oder wir könnten uns zu mehreren einen anstellen; ich ganz allein könnte ja einen so hochqualifizierten Mann, wie er mir vorschwebt,

gar nicht auslasten. Man könnte ihn also für mehrere Privatleute arbeiten lassen. Wir könnten gemeinsam ein Büro einrichten. Ein Abgeordneter muß für einen da sein.
Ich habe mich zweimal an den Abgeordneten wenden wollen, der für meinen Wahlkreis zuständig wäre. Beim ersten Mal war der überhaupt nie zu erreichen. Er war auf Studienreise. Aber nicht auf einer. Auf hintereinander *dreien*. Er studierte das öffentliche Verkehrswesen in Rio de Janeiro. Er war mit Gewerkschaftlern auf einem etwa drei Wochen dauernden Kongreß mit anschließender Besichtigungstour in Namibia. Und in Florida hatte er den Einfluß von Klimaanlagen auf Privatangestellte in der Schuhbranche zu studieren. Der Mann war ja daraufhin – das konnte man durchaus unterschreiben –, nach den fast zwei Monaten Bildungs- und Studienreisen, wirklich *informiert*. War er ja, der Mann. Nur, bis er dann wieder einmal zu sprechen gewesen wäre, hätte ich mein Problem anders gelöst gehabt.
Das zweite Mal traf ich ihn sofort. Also, ich meine, innerhalb von zwei Wochen. Und wir hatten das, was er ein ‚gutes Gespräch‘ nannte. Die Fragen, die ich ihm stellte, nannte er ‚gute Fragen‘. Zwei nannte er sogar ‚ausgezeichnete Fragen . . . die er unbedingt im Club zur Sprache und so weiter . . .‘ *Eine* Frage notierte er sich, ja, tatsächlich, auf einem der vielen kleinen Zettel, die er zu diesem Zweck in allen Taschen hatte. Man hatte den Eindruck, er werde der Sache nachgehen. Und genau das sagte er auch. ‚Ich werde der Sache nachgehen‘, sagte er. Und er sagte noch: ‚Ich werde mich kundig machen. O ja, da muß ich mich kundig machen.‘ Das sollte heißen, daß er mir nicht glaubte und erst bei seinen Schlieferln nachfragen lassen wollte, ob man mir überhaupt zuhören könne. Und vor allem: ob ich ‚wichtig‘ sei. Wichtig genug, um irgendein Quentchen Zeit an mich zu verschwenden. ‚Ich werde mich kundig machen‘, so salbte es aus seinem Mäulchen.

Und dann passierte nichts. Als ich noch ein- oder zweimal anrief, sagte seine Sekretärin, er sei bei einer Sitzung. Oder er sei ‚bei Tisch'. Das war eine beliebte Aussage. Oder Floskeln. Sie floskelte geübt vor sich hin. ‚Der Herr Abgeordnete ist bei einer Sitzung und dann bei Tisch', das sagte sie beim letzten Anruf. Meinem Anruf. Denn er rief ja nie zurück. Außer mit einem schnatternden Autotelephon, in dem er mir wichtig mitteilte, er sei jetzt auf der Tauernstrecke, er nähere sich einem Tunnel, die Verbindung werde gleich abreißen, und er werde zu gegebener Zeit – ‚wenn die Verbindung wieder guat is' – noch einmal anzurufen probieren.

Aus solchen Erlebnissen – denn er rief natürlich nie mehr an, wer ruft schon an, wenn er ‚bei Tisch und bei einer Sitzung' ist –, aus solchen Erlebnissen wuchs mein Entschluß, die Privatisierung des Abgeordnetenunwesens anzugehen und mir einen eigenen Abgeordneten anzustellen." Sagte Tim. Der mein Freund ist. „Der Mann kann mir nützlich sein. Der Mann wird Interesse haben, von mir weiter angestellt zu werden, denn ich werde ihn natürlich erstklassig bezahlen, wie sich das für einen erstklassigen Fachmann ja auch gehört. Der Mann wird im Parlament im richtigen Moment die richtige Rede halten. Er wird imstande sein, diese Rede auch selbst zu schreiben. Wenn es ein Manuskript braucht. Oder sie auch frei zu halten, wenn die Situation es erfordert. Mein Mann wird das können. Ich werde nicht schamrot werden müssen, daß er seinen Funktionärssprachersatz aus dem Munde quellen läßt. Ich werde mich nicht über die ständige Verwechslung von Dativ und Akkusativ kränken müssen. Der Mann wird einen Genetivnachweis schon in unserem ersten Gespräch erbracht haben – wie nebenbei. Der Mann wird fleißig sein. Der Mann wird sich rühren. Der Mann wird für *mich* da sein und nicht auf Studienreise zur Überprüfung des Trolleybussystems in Reykjavik.

Mein Mann nicht. Der wird informiert sein. Den wird keiner linken. Der läßt sich von niemandem zu Besichtigungstouren einladen. Es sei denn, ich schickte ihn.
Und, wie gesagt, der könnte – ja, was könnte der nicht alles. Wir ließen ihn ja. Wir ließen ihm die Initiative. Wir wüßten: Der Mann würde seinen Beruf gerne ausüben.
Ein privatisierter Abgeordneter. Angestellt. Vierzehn Monatsgehälter. Nein, keine Zulagen. Keine Aufwandsentschädigungen. Keine Repräsentationsspesen. Aber: viel besser bezahlt als ..."
So mein Freund Tim. Der Privatisierer.
Gekauft? Quatsch! Wer hätte denn je einen Abgeordneten kaufen können?
Sehen Sie!

4. Oktober 1992

Heute ist der Drehtag mit der Blondine

Heute ist der Drehtag mit der Blondine.
Die wurde sehr lange gesucht. Sie mußte schön sein, und zwar von so einer unbeschreibbaren Prächtigkeit! So eine Frau mußte das sein, daß, wenn einer *die* sein eigen nannte, sich alle anderen Männer giften sollten. „Warum gerade der . . .? Wie ist denn *das* zugegangen, daß *der* . . .?!"
So mußte sie sein, die Blondine.
Andererseits sollte sie auch wieder nicht zu außerirdisch sein, nein! Nicht so, daß jeder, der sie sah, sie für unwirklich und eben nur in Filmen vorkommend halten durfte. Nein, so auch nicht. Das wäre ja unfair. Und: Sie mußte einen wunderschönen Busen haben. Doch, das war gefordert. Die Szene im Film sah das vor. Nämlich so:
Ein Mann geht durch den Gang einer Wohnung, um jemanden zu besuchen. Er hat geläutet, ein anderer Mann öffnet, von dem er nicht vermutet, daß der in dieser Wohnung auch wohnt. Der wohnt aber auch. Und teilt mit, doch, die Dame, die der Herr besuchen wolle, wohne schon hier. Aber sie teile eben die Wohnung. Und hause dahinten, im letzten Zimmer im Gang. Also wandert der Besucher den Gang entlang, biegt um die Ecke, nein, falsch, *will* um die Ecke biegen, da muß er an einer offenstehenden Tür vorbei. Und in dem Zimmer, dessen Tür offensteht, da drin sieht er eine fremde Frau. Die Blondine. Und die probiert gerade ein Geschenk an, das sie offenbar eben bekommen hat. Einen altmodischen, seidenglänzenden, prachtvollen Büstenhalter. Was für ein feierliches Wort. Der Besucher ist verwirrt, weil diese Tür dort doch einfach so offensteht und weil im Zimmer diese fremde Dame vor dem Spiegel steht und diesen, Dings, diesen Dings da anprobiert . . . und hat halt eben schon einen wundervoll klassischen,

prallen, herzerfreuenden Busen. Doch, muß man sagen. Rubens hätte seine Freude gehabt. Fellini hätte aufgeseufzt . . . ach, ganz Italien. Alle Männer, sofern nicht zu verschlafen, hätten ihr Glück nicht weggedrückt. Der Schöpfungsplan sieht eben herzbewegende Eigenschaften der Frauen vor.
Das Drehbuch plant nun nichts Heftiges mehr. Der Besucher, der sich in der Tür geirrt hat – oder genauer, der in die unbefangen offenstehende Tür hineingeblickt hat, ehe er auf dem Gang weitermarschiert –, dieser Besucher schluckt nun etwas verblüfft und desorientiert, sagt „pardon" und will eigentlich schon weiter. Weil er ja diese Dame nicht kennt. Und *die* auch nicht besuchen wollte. Nur: In seine Bewunderung der Pracht, die er beim besten Willen nicht übersehen kann, in diese Bewunderung mischt sich ein begreifbares Zögern. Dieses Zögern ärgert die Prachtvolle aber auch noch nicht. Aber wo denn. Sie schaut dem Zögerer fest in die Augen und sagt nur halblaut: „Is was?" Mehr nicht.
Wem in solcher Situation gerade ins Auge geblickt wird, wer bloß trocken gefragt wird, ob was sei – der empfiehlt sich eilig. Der tritt den Rückzug eher etwas ungeordnet an. Der ertappt nicht nur sein verdutztes Maul beim Stammeln; dessen Füße verspüren urplötzlich die Notwendigkeit, sich kompliziert zu verknoten.
Der Mann geht also weg. Die Prachtvolle bleibt allein zurück. Und wird vermutlich den – Dings, den seidenglänzenden, weiterprobieren.
Mehr ist nicht vorgesehen in der Szene.
Heute ist der Drehtag mit der Blondine.
Die mußte erst sorgfältig gesucht werden. Expertinnen des menschlichen Körperbaus waren ausgeschwärmt und waren zurückgekehrt mit relativierenden Meldungen. Was hieße denn schon „prächtig"?? fragten die Expertinnen. Da könne man so urteilen, aber auch so. Das sei ja nicht

so leicht . . . Schließlich und endlich. Wirkliche Pracht blühe im verborgenen.

Solche Sätze flossen den Expertinnen locker aus dem Munde. Wenn man ihnen glauben wollte, war der Mensch zwar schön und wundervoll prächtig geplant – aber die Ausführung schien hauptsächlich aus Montagsmodellen zu bestehen. So zynisch gebärdeten sich die Expertinnen. Aber das taten sie vermutlich nur, um nach den umständlichen Schilderungen all der Hindernisse, die sich ihnen beim Suchen nach Schönheit in den Weg gestellt hätten, schließlich und endlich verkünden zu können: Ja, *eine* hätten sie gefunden. Diese eine entspreche nun aber wirklich allen Wünschen und Anforderungen und Träumen und sei die wirkliche, absolute Pracht! Punkt.

„Aber schon noch ein Mensch? Kein Wesen von einem anderen Stern?" fragte der Regisseur, schon ein bissel zaghaft.

„Sie werden ja sehen!" antworteten die Expertinnen, auf die er sich hatte verlassen wollen. Und Triumph wehte durchs Zimmer. Es gab keinen Widerspruch. Das Ziel der Klasse schien erreicht.

Heute ist der Drehtag mit der Blondine.

Ja, in diesem Zimmer wird die Prächtige stehen. Hier hängt der Spiegel, vor dem sie den neuen, satinglänzenden Dings – ja – anprobieren wird. Da werden die Scheinwerfer angebracht, damit man die Pracht auch sieht. So weit muß die Tür offenstehen, damit der Besucher, der den Gang entlangkommt, auch ins Zimmer blinzeln kann. Die Kamera – wo wird die Kamera? Nur ruhig Blut, auch die Kamera findet ihren logischen Platz. Nämlich – ah ja, natürlich –, nämlich draußen im Gang. Weil, sie muß ja durch die Tür – verstehst du . . . Nur ruhig Blut.

Wo ist die Blondine? Bitte – wo ist Fräulein . . .?

Da kommt sie. Da ist sie ja. Ganz pünktlich. Und – doch, muß man schon sagen – wirklich ausnehmend angenehm

zu betrachten. Ein richtiger Menschmensch. Das nennst du unirdisch? Blödsinn. Das ist von dieser Welt.
Die Prächtige lächelt eigentlich scheu in die Runde. Wer hätte das gedacht. Nicht verlegen – aber irgendwie scheu. Ungeheure Betriebsamkeit hebt an. Man bittet die Prachtvolle vor den Spiegel. Sie muß sich so rum und andersrum drehen, sie möge den Kopf bitte heben, sie solle doch die Schulter ein wengerl zurücknehmen, hier komme noch ein kleines Licht.
Die Prächtige hat natürlich noch ihren hübschen Pullover an. *Alle* haben auf einmal in dem Zimmer zu tun, in dem die Pracht sich gleich entfalten soll, auf einige unbefangene Sekunden. Einer muß unbedingt den Scheinwerfer halten. Einer muß noch eine kleine Maschine da seitlich bedienen. Einer muß am Ofen stehen, der blubbert vor lauter Feuer und muß irgendwie gebändigt werden, sonst schimpft der Ton. Mehrere Herren postieren sich hinter der Kamera, um kontrollierend, überwachend, prüfend tätig werden zu können. Wohlgemerkt: Herren, die nicht unbedingt hinter der Kamera postiert sein müßten. Aber wo denn.
Der Kameramann stellt ruhig die Entfernung ein, prüft das Licht und mißt es gleich auch ein bissel. Ihn kann kaum eine Pracht aus der Ruhe bringen, er ist Pracht jeglicher Art gewöhnt und ist doch nicht abgebrüht. Nein – nur gelassen.
Neun Herren haben furchtbar viel zu tun in einem engen Gang und einem kleinen Zimmer. Heute ist der Drehtag mit der Blondine.
Jetzt ist es gleich soweit. Die vielen Herren werden gebeten, sich zurückzuziehen. Ja. Bitte.
„Aber ich muß doch . . . Glaubst du nicht, ich sollte . . ."
Nein. Bitte. Ach du meine Güte. Der Mensch ist ein Mensch ist ein Mensch. Leise Traurigkeit weht durch den Gang. Der Assistent des Kameramannes – der ist freilich privile-

giert. Und der Regisseur – na, der ja sowieso. Der darf natürlich. Die Welt ist falsch eingerichtet.
Denn jetzt wird endlich gedreht, und die Prächtige legt den Pullover ab, und zwar ohne jeden Aufwand, und sie ist natürlich schon wirklich sehr prächtig. Die Expertinnen haben nicht gelogen.
Die Prächtige hantiert mit dem seidigen Dings – na ja, eh klar, sie probiert, wie man den wohl anprobieren könnte.
„Nein – nicht so", murmelt der Regisseur, „vielleicht doch irgendwie anders . . . eventuell . . . meinen Sie nicht?"
Die Blondine lächelt scheu, probiert andersrum – nein, das ist's auch noch nicht. „Sie soll doch einfach . . .", sagt der Kameramann trocken. Und der Regisseur trabt zu ihr hin und schaut ihr fest in die Augen. „Sie könnten doch einfach . . .", meint er. „So?" fragt die Prächtige. „So?" fragt der Regisseur den Kameramann, denn der sieht's ja durch den Sucher und trachtet ein der Prächtigen würdiges Bild zu komponieren. „Geht schon", antwortet der Kameramann. Das ist also schon wenig Bewunderung für diese Pracht. Aber es ist präzise. „So geht es", sagt der Regisseur, und „Bitte geht doch weg", sagt er auch noch, denn sieben Herren haben eben doch noch schrecklich viel zu tun im Hintergrund.
Und nach zehn Minuten ist alles zu Ende, die Prächtige zieht den Pullover wieder an und lächelt scheu. Und dann sagt sie: „Das muß ja ein sehr anständiger Film sein, wenn alle so aufgeregt sind."

10. Februar 1985

Auch im Bild

Sie sind da – und eigentlich sind sie doch nicht da.
Sie gehören dazu – aber sie gehören nicht ins Bild.
Sie haben was damit zu tun – aber niemand will was von ihnen.
Sie wären zu Auskunft bereit – aber niemand fragt sie.
Aber auch ungerufen – sie sind da.
Wir kennen sie alle. Immer wieder zeigen sie sich uns. Sie stehen daneben. Meistenteils stehen sie hinter ihm. Im doppelten Sinne des Wortes, wie sie nicht müde würden, zu versichern. Wenn sie nur einer danach fragte.
Sie stehen hinter dem Maßgeblichen. Und sie stehen, wenn er denn Maßgebliches zu sagen hat, auch hinter ihm. Einen Schritt. Einen halben bloß. Manchmal ganz dicht an dicht. Fühlen sein Tuch. Spähen hinter seinem linken Ohr hervor. Blinzeln da raus. Wollen dabeisein. Wollen zeigen, daß sie dabeisein können. Daß sie dabei sind. Daß sie im Auge des Orkans wohnen. Ganz dicht bei . . .
Je nachdem.
Das kann der Herr Minister sein. Das kann der Herr Vorstandsvorsitzende sein. Das kann der Herr Bundeskanzler persönlich sein, der im Pressefoyer vor die Mikrophone marschiert. Das kann der Herr Buprä höchstpersönlich sein, der etwas zu etwas mitzuteilen wünscht.
Wenn es nicht im stilvollen Arbeitszimmer des Herrn Machthabers geschieht, sondern auf der Wahlreise, bei der Pressekonferenz, bei einem Empfang, im Garten des Weißen Hauses, wo die Rosen blühen – und dann sind wir nämlich in Amerika: immer dann, wenn einer nicht ganz allein ist beim Hineinreden in die Röhre, immer dann sind sie da.
Wissen, daß sie da sind. Wissen, daß sie im Bild sind. Oder: wissen, daß sie im Bild sein *könnten*, wenn sie nur ein

Izerl ... ja ... Jaaahahahaa ... da schieben wir uns wie zufällig noch ein klein wengerl von links dazu ins Bild ... da sind wir ja schon dreiviertel drin, da ist noch ein bisserl Brillantine des geschätzten Hauptredners vor unserer Nase – da müssen wir noch vorbei ... *geschafft!!!*
Da stehen die Dabeisteher. Da warten sie, die Dahinterwarter. Daß das Interview mit dem Wichtigen zu Ende geht. Daß man wieder zur Tagesordnung zurückkehren kann. Daß man wieder im Konferenzraum verschwindet, daß man die Aktentaschen wieder aufnehmen darf – „Kleeeeemmt ein!!!" (untern Arm nämlich), und schlürfschlürfpolterpolter raschelraschel schnüren sie zurück hintern grünen Tisch, wo sie sich an den Akten sowie an den Mineralwasserfläschchen festhalten können. Damit der böse Wind sie nicht verweht, oder so.
Oder aber: sie können zum Essen. Sie können zum Empfang. Sie können zum Buffet. Wenn der Machthaber endlich seiner Meinung dahingehend Ausdruck verliehen hat, dann geht es – hmnjamnjamnjam – zum Empfang. Ans Buffet! Und darauf freuen sich die Auchimbildsteher herzlich und aus ganzem Magen. Man kann es ihnen ansehen. Sie blinzeln schon mal auf die Uhr am Handgelenk. Will denn der *nie* aufhören? Da geraten die Lümmel von der Presse, die gar nicht zuhören, obwohl doch hier die Neuigkeiten noch ganz neu sind, da geraten diese verfressenen Lümmel, man kennt das ja, womöglich als erste an den Räucherlachs. Ja, machen die glatt. Das Buffet ist noch gar nicht eröffnet, stehen die schon im Saal – „I'm from the Press" – und ziehen sich prompt den Lachs rein. Beim Hummer wurden sie immer als erste gesichtet, die Kerle. Und weil sie von der Presse sind, und der Machthaber eine gute solche haben will, hindert sie keiner am Vormarsch auf Lachs und Oberskren. Auch die Pasteten stehen Gewehr bei Sauce und warten nur drauf, daß man ihnen übel mitspielt.

Aber die Männer, die auch auf dem Bild sind: denen gerät ein hungriger Kummer ins Gesicht. Sie schielen nach rechts. Sie spähen querhin nach links. Sie lächeln einem zu, der gar nicht zu sehen ist. „Schau du doch mal zum Buffet . . .", scheint dieses vage Lächeln nach halblinks vorne zu bedeuten. „Halt die Stellung!! Ich meinerseits . . . du siehst ja."
Er seinerseits steht eben im Bild. Und will da auch stehen bleiben. Manchmal zieht er den Kopf zwischen die Schultern – die eigenen –, als wolle er sich klein machen oder als säße er auf der Rückbank eines sich sportlich gebenden japanischen oder, ach, auch durchaus europäischen Automobils. Da wird er aufs Normalmaß zurückgedrückt, da sitzt er gekrümmt und armselig, da mag es schnell gehen – von mir aus –, aber kaum geht's, so mag er dastehen, dahinter verschrumpelt – aber da, auf jeden Fall. Oder: Er lächelt dösig vor sich hin. Er vergißt, kaum hat das Ritual der provokativ sein wollenden Fragen der Herren Reporter und das gekonnte – manchmal auch gar nicht so gekonnte, sondern salbadernde, ölende, seifende – Gemähre des Machthabers angehoben, er vergißt, wo er eigentlich steht, schaut zur Decke, zählt die Kristalle am Luster, die der öffentlich-rechtliche Kameramann so geübt an- und abgeschwenkt hat, damit jeder im Land endlich einmal sicher sein kann, daß unsere Öffentlichkeit auch über Beleuchtung verfügt – und zwar über erhebliche solche . . .!
So ein Dahintersteher hat schon auch mal – ich habe es selber gesehen – mit einem kleinen – weil vornehm –, mit einem kleinen Finger den Inhalt der wichtigen Nase überprüft. Ist noch alles da? Wie? Oh, da haben wir ja ganz was Neues, was ganz was *Schönes* . . . Hoppala, da weiß er's dann wieder, ich stehe ja hinter dem Vorsitzenden, wie konnte ich nur – phüt phüt phüt . . . hier ist alles in Ordnung, niemand hat in niemandes Nase gegraben und

Nachschau gehalten ... Ach wie gut, daß niemand weiß, daß ich Rumpelstilzchen heiß.
Als wären sie bei Rot an der Kreuzung gestanden. Da wird ja auch gern gedankenverloren im Ohr gebohrt, in der Nase nach der Zukunft gegraben. Jeder fühlt sich in seiner Büchse ganz daheim. Besonders sorgfältige Herren ziehen auch schon mal den Hornkamm heraus und legen die Brillantineplantagen in gehörig ungeordnet-geordnete Wellen. Oder fahren mit einer semiprofessionellen Bürste durch die Locken, um da mal kräftig durchzugreifen und auszuholzen. Körperpflege ist an Kreuzungen gern angesagt. Die kleine, selbstvergessene Körperpflege fand aber auch schon im Rücken eines Vorstehers statt.
Oder aber:
Oder aber der Dahintersteher blickt ernsthaft in die Kamera. Fixiert die Linse. Hört staatsmännischen Antlitzes zu. Nickt schon ab und zu im Rhythmus der Ausführungen des geschätzten Machthabers. Nicht zu oft, aber doch *so* oft, daß man mitbekommt, daß *er* alles versteht und den totalen Durchblick hat. Sonst stünde er ja auch nicht so nah bei wirklich Mächtigen.
Sollte der mit staatstragenden Ausführungen Beschäftigte aber ein Minister sein, ein ganz ge-wöhn-licher Minister, und der Dahinterstehende ein veritabler Sektionschef, einer, der schon immer da war und der auch immer bleiben kann – dann, ja *dann* ... Dann kann es schon mal vorkommen, daß der Minister, mein Gott, der Minister ... sich rückwärts oder seitwärts wendet, wo stoisch und mit fast unmerklich ironisch gerunzelten Augenbrauen der wirkliche Machthaber, der Sektionschef, dabeisteht – und halt zuhört. Nur zuhört ... *aber wie!!*
Das kommt auch vor.
Warum stellen die sich dahinter auf? Warum gehen die nicht ihres Weges, wenn der maßgeblich sein Sollende befragt wird? Was ist das für eine Kraft, die sie da hält?

Ja, eben: Es *ist* eine Kraft. Eine Anziehungskraft. *Die* ist es.
Eine Kamera läuft. Ein rotes Lämpchen zuckt. We are on air. Wir sind dabei. Wir finden statt. Man hat uns im Visier. Hier geht was los. Der Mächtige sagt, wie's geht. Und ich bin dabei. Daneben. Dahinter. „Mama – der Papa ist im Fernsehen . . .", werden sie zu Hause sagen. Und dann wird Melanie eben *doch* aus der Küche kommen – und dann wird sie eben sehen . . . Hm!!
„Du wirst dick, Edi", sagt die Frau am Abend. „Und *die* Krawatte solltest du auch nicht unbedingt immer noch anziehen. Nimm dir ein Beispiel am Minister . . ." So geht das Leben wirklich.
Und doch, und doch . . . Immer wieder und immer weiterhin werden die Männer *und* Frauen – ganz ohne Quotenregelung – sich ins Bild schieben und dreinschauen und reinschauen und auch schauen und wegschauen und dann eben doch nochmal hinschauen und wichtig schauen und souverän schauen. Aber *auch* dasein. Rücklings. Seitlings. Auch dabei. Im Auge des Orkans.
Aaah – das tut gut. Irgendwie.

2. Mai 1993

Ein Magazin ruft an

Die Malerin war gerade am Briefeschreiben. Eine ganze Weile war sie hin- und hergegangen, hatte im Haus herumgeräumt, hatte Wasser in den Kessel fließen lassen, hatte Tee gemacht, starken, duftenden, hatte das Fenster geöffnet, hatte es wieder geschlossen, war endlich zum Tisch gegangen, hatte Papier in die kleine alte Schreibmaschine gespannt, hatte noch ein bißchen nachgedacht, na gut, das durfte schon sein – und dann begann das vorwärtsziehende, in Gang setzende, wachmachende Geklapper ihrer Maschine.
Sie begann, ihren Brief zu entwerfen, sie faßte die Gedanken, die sie einem Menschen schicken wollte. Es war kein Wenn-und-aber-Brief, es ging um keine Geschäfte; sie wollte *wirklich* mit einem Menschen ins Gespräch kommen. Und darum schrieb sie ihm. Ein kleines Geknatter zog durchs Zimmer, weil: wenn sie einen Gedanken festhalten wollte, schrieb sie ihm eilig hinterher. Als ob harziges Holz in ganz kurzen Abständen im Feuer zerplatzte, so war das Geräusch ihrer kleinen Maschine: wenn man sich nur ein bissel nach einem Feuer sehnte.
Und sie sehnte sich.
Da läutete das Telephon. Ziemlich früh am Morgen drang die indiskrete Maschin' in ihr Zimmer und in ihr Leben ein. Sie hörte auf zu schreiben, sie stand auf, sie nahm den Apparat und . . . ja, das *waren* allerhand Geschäfte, die da in aller Herrgottsfrühe angebahnt werden sollten.
Ob sie sich photographieren lassen wolle, wurde sie gefragt. Wieso photographieren? Ja, so sagte das Telephon, im Auftrag eines Magazins wolle man ergründen, wie die Träume und die Wünsche der Malerin ausgesehen hätten, als sie noch ein Kind gewesen sei. Was habe sie denn damals werden wollen? Diesen Wunsch wolle man photogra-

phisch, mit der Malerin heute, wiedergeben. „Also, wenn Sie vielleicht ein Lokführer haben werden wollen, dann würden wir Sie auf eine alte Lokomotive, mit etwas Ruß im Gesicht, mit Dampf um die Nase, das kann man heute schon sehr hübsch – und der Fahrtwind . . . Sie verstehen?"
So das Telephon.
„Nein", sagte die Malerin, blinzelte zur Schreibmaschine hinüber, dachte an ihren Brief, den sie unterbrechen hatte müssen. Nein, sagte sie nochmals, sie verstehe nicht ganz. *Was* wolle das Magazin photographieren lassen?
„Also, hören Sie", sagte das Telephon, schon leicht ungeduldig, Himmel fix, können die Leute denn nicht etwas schneller auf die Vorschläge eingehen, die man sich doch so schön und so originell ausgedacht hat. Immer noch gab es Leute, die zögerten, sich im Magazin abbilden zu lassen, als Ballonfahrer, Bienenzüchter, und, ha, ha, Lokomotivführer! Immer wollten diese Leute *noch* was wissen, wollten *noch* was bedenken, wollten sich Zögern und zögerliches Zaudern erlauben. War es denn nicht eine wunderbare Sache, endlich einmal als Lokomotivführer abgebildet zu werden, nein? Etwa nicht?
So was sagte das Telephon natürlich keineswegs. Aber man merkte es ihm an, daß es allerhand Ungeduld zu bezwingen hatte. Schließlich waren ja noch der Dichter Soundso, der Prestigitateur Hallenhuber, der Klarinettist und auch noch ein Löwenbändiger anzurufen, sowie natürlich der Parteiführer und der allseits beliebte Gastwirt, von dem geduzt zu werden eine ganze Stadt sich stolz erfreuen konnte . . . Aber das ist eine andere Geschichte.
Die Malerin wollte es tatsächlich erklärt haben. Geduldig sprach das Telephon. Also: die Wünsche. Die Wünsche als Kind. Nein, nicht nach einem besonderen Spielzeug. Nicht nach einem Haustier. Vielmehr der Wunsch, was man *werden* wollte. Werden hätte wollen. Wollen hätte werden.

Oder so. Sie verstehen? Sie begreifen? Jeder von uns hatte doch irgendeinen Wunsch – und der ging ja doch eigentlich nie so ganz in Erfüllung.

„Warum? Was wollten *Sie* denn werden?" fragte die Malerin das Telephon.

Erschrockenes Schweigen auf der anderen Seite. „Najaaa, das gehört ja nicht hierher, ich habe ja nur den Auftrag, Sie zu befragen, weil man Sie doch kennt, als . . . als . . ."

„Malerin vielleicht", sagte die Malerin.

„*Richtig!*" jubelte das Telephon, „*genau*, das ist es, und *Ihren* Wunsch soll ich in Erfahrung bringen" (das Telephon sagte recherchieren, denn das Telephon war ein hochprofessionelles Telephon), „*Ihren* Kinderwunsch."

„Ich wollte Malerin werden", sagte die Malerin.

Das Telephon knackte verstört. „Ja . . . aber . . .", sagte es dann, „ja, aber, als Malerin – da hat man Sie ja schon so oft gesehen. Was kann man denn da schon anderes photographieren als Sie mit einem Bild und einem Pinsel" (das Telephon sagte Bimsel und blieb auch dabei), „mit einem Bimsel und einem Gerüst, auf dem Sie das Bild gemalt haben."

„Eine Staffelei", sagte die Malerin.

„Sag ich ja", sagte das Telephon. „Das haben die Leute von Ihnen doch schon oft gesehen. *Wir* wollen ja etwas Originelles, etwas Frisches, nicht das, was die Leut' eh von Ihnen kennen."

Ja, sagte die Malerin, das verstehe sie durchaus. Auch sei natürlich das Photo einer Frau mit einem kaum zu erkennenden Bild auf einer Staffelei nicht besonders aussagekräftig, was die Wünsche des Telephons und deren Realisierung betreffe. Denn die Realisierung des Wunsches, Malerin werden zu wollen – das sei ja doch ein *Bild!* Und vielleicht könne man ein Bild, das die Malerin gemalt habe . . .

„Aber nein! Das paßt ja überhaupt nicht in unsere Serie!"

räsonierte das Telephon leicht ungehalten. „Sie müssen doch noch einen anderen Wunsch gehabt haben – mein Gott, warum eigentlich nicht auch einen Wunsch nach einem Spielzeug oder einem Hund oder so. Das kann man ja vielleicht, sehr nett könnte man das, warum denn nicht auch, kombinieren vielleicht?"
Überlegen Sie doch einmal!!! sagte das Telephon.
„Ich hatte aber wirklich keine besonderen Wünsche", seufzte die Malerin. Sie wollte ihren Brief zu Ende schreiben. Sie wollte die Schreibmaschine knattern lassen. Sie mußte lächeln, wenn sie an das hochglänzende, schwerpapierene Magazin dachte, das den Zeitgeist dringend durch die Photographien einiger Leute bedienen wollte. Wie hätten die Magazineure gelacht, hätten sie sie an ihrer alten Knatterbüchse gesehen, mit der sie ja nicht einmal ihrem Beruf, geschweige denn ihrer Kunst nachging, sondern bloß ihre brieflichen Gespräche führte. Oder eben nicht führte, weil das Telephon . . .
„Außer Malerin wollte ich nur noch Nonne werden", sagte die Malerin. „Das war mein stärkster Wunsch, bevor dann eben das Malen in mein Herz kam. Klosterschwester, das wollte ich werden."
„Wunderbar!" jubelte das Telephon. Die Malerin mußte sich den Hörer vom Ohr weghalten, so heftig drang der Jubel aus der Muschel. „Das ist ja i-de-al", stammelte das Telephon, „da werden wir gleich mit dem Kostümverleih reden, und Sie könnten dann in einem Kreuzgang . . . am besten gleich in Zwettl, das ist nicht so weit . . ."
„Zwettl ist aber kein Frauenkloster", sagte die Malerin.
„Das sieht man doch nicht auf dem Photo", konterte das Telephon blitzschnell sowie absolut professionell. Schließlich mußte ja etwas weitergehen, hier konnte man sich doch nicht in Kleinigkeiten verlieren. „Also, was war das für eine Art Schwester . . . ich meine, mehr Kranken- oder mehr . . . Sie wissen schon?"

„Sie meinen, welcher Orden?" sagte die Malerin. „Ich wollte in einen sehr strengen Orden. Der die Einsamkeit in einem kleinen Häuschen innerhalb der Klostermauern zur Bedingung macht. Der zum Schweigen verpflichtet. Der nur das Gebet und die schweigende Arbeit verlangt. Der aber, wie gesagt, auch die Einsamkeit voraussetzt."
„I-de-al", sagte das Telephon. „Und – wo können wir die Aufnahmen machen?"
„Ja, das ist das Problem", sagte die Malerin. „Da kann niemand hinein. Diese Schwestern kommen auch nicht aus dem Kloster heraus. Man kann nicht Besuch machen. Sie empfangen keine Photographen. Es wäre also ein unrealistisches Bild, wenn Sie mich als eine solche stille Schwester . . ."
„Aber – man könnte doch so tun, als ob", flehte das Telephon. „Das wär' so herrlich. Eine Nonne haben wir noch nie gehabt. Sie könnten im Klostergarten beim Salat, oder noch besser, bei den Blumen, ich weiß, es gibt jetzt keine Gartenblumen, aber die würden wir mitbringen und in die Erde stecken, und Sie würden im Garten . . ."
„Diese Schwestern, die ich mir vorgestellt hatte, lebten ganz allein. Die sahen niemanden. Erst wenn sie schwerkrank wurden oder wenn sie gestorben waren, dann . . ."
Das Telephon schwieg. Es knackte ein bissel in der Leitung. Es klang wie ein elektrisches Rülpsen.
„Ja – und Ihr Lieblingstier?" fragte es dann noch.

17. April 1988

Fritz Kortner ist tot

In der Morgenfrühe eines eben erst vergangenen Tages, im Auto sitzend, Wolken von einem schweren Schatten aus grauem Blau und Regen und noch nicht ganz vertriebener Nacht berührt, höre ich im Radio die Nachricht von Kortners Tod.
Und stelle mir vor – und will das eigentlich gar nicht und muß das trotzdem, einfach weil's so gewiß ist und so sicher wie das Amen im Gebet, das nun gar kein rechtes Gebet ist, in diesem Fall –, und stelle mir vor, was gegen Mittag schon zu lesen, spätestens gegen Abend zu hören sein wird in den Nachrufen und Essays und Erinnerungen und all dem Postludium, das halt so ausgeschüttet werden wird.
Kortner ist tot. Ein Schauspieler. Ein Regisseur. Ein Österreicher. Ein Jude. Ein höchst wunderbar unerbittlicher Mensch.
Und muß sich nun Gerede gefallen lassen. Nachgerufenes. Ergebenheitsadressen. Mystifizierung. Anekdoten, noch mehr als schon zu Lebzeiten. Nur werden sie jetzt flugs alle umgemünzt werden in Bedeutsames. In Freundliches. Oder in: Ichwardabei, Mirhatergesagt, Weißtdunochalser.
Kortner, Fritz, Regisseur. Der mit den Etablierten in Unfrieden lebte immer und immer. Den Direktoren. Den Lokalmatadoren. Den Funktionären. Den Gewerkschaftsprobenzeiten.
Wenn er das Theater betrat, stöhnten die Mauern auf, die Scheinwerfer, die Bühnenzüge, die Kantinenwirte, die Kantinenwirtsfreunde. Weil sie wußten, daß ihnen ab jetzt ihr Maß abverlangt werden würde. Kein Übermaß. Kein Zuviel. Nur: bis an die Grenzen. Die Grenzen jedes einzelnen. Die Grenzen der Kapazität. Und wer seine Grenzen eng gesteckt vermutete, der stöhnte zu Recht. Wer in der schwabbeligen Brühe der Routine dahintrieb und seine

Kraft für sich zu behalten wünschte, seine Phantasie verschüttet hatte in tausend Litern Kantinengetränk und Austausch von Ferienadressen, Bausparverträgen, Hinweisen über besonders angenehme Gasthäuser und Unzufriedenheit über zuwenig Nebenverdienst – wer darin aufgegangen war, der wußte, auch innen, ganz innen, wo die Dummheit und die Selbstüberschätzung manchmal, in der Nacht, denn doch nicht hinlangen, daß es jetzt Farbe zu bekennen galt. Oder unterzugehen, wenn man sein Quentchen Farbe vergeudet hatte. Verloren. Verstaubt.
Kortner ist tot.
Ihr Organisatoren von Trauerfeiern, ihr Veranstalter von Festspielen, ihr Direktoren und Staatshauptschauspieler: Lobt ihn. Preist ihn! Ernennt ihn zu. Stellt Büsten auf, manche stehen ja schon jetzt. Er ist tot. Ihr könnt von ihm erzählen. Es wird keine verlängerten Probenzeiten mehr geben. Die Premiere wird nimmer verschoben, so lange, bis die Arbeit halbwegs fertig ist. Niemand wird mehr das Recht in Anspruch nehmen, einmal nachdenken zu dürfen über das, was da gerade geschieht: nämlich eine Geburt, ein lebendes Wesen, mit Menschen und Stimmen und Seelen und ihren Schwingungen und mit dem Text eines Dichters, womöglich, mit Technik und viel Abhängigkeit vom Willen etlicher Menschen, mitzumachen oder eben nur so dahinzumachen.
Theater! Darüber einmal nachdenken dürfen. Darüber wird nimmer debattiert. Es wird in Eile gewurstelt werden, weiterhin, wie eh und je.
„Wie erklären Sie sich, daß Sie, der Skandalumwitterte, immer wieder geholt werden?" fragte ein interviewender Kritiker eines Tages Kortner. Und der sagte:
„Hm. Ich glaube, daß die Methode, mich unschädlich zu machen, indem man mich als Diktator präsentierte, falsch war. Diktatoren sind nicht so unbeliebt . . . Aber das ist weitgehend politisch. Das Hauptentscheidende ist die Kas-

se. Skandale spielen für ein Theater überhaupt keine Rolle. Wenn man übertreiben will, kann man sagen, sie locken eher an. Es handelt sich ja immer nur um etwa zwanzig bis dreißig Leute, die demonstrieren, und das ausschließlich in den Premieren."
Erinnern Sie sich noch? Das waren Demonstrationen *gegen* die Konvention. Demonstrationen gegen den Nonkonformismus. Nicht donnernde Forderungen an das Theater, endlich gefälligst in die Demonstration schlechthin mit einzustimmen, sich zu beteiligen am undifferenzierten Konformismus des Nonkonformismus.
Kortner, ihr Nekrologverfasser, war euch immer viel zu unmodisch, immer viel zu eigenartig, immer viel zu langsam. Seine Inszenierungen schienen euch immer zu lange zu dauern. Seine Schauspieler viel zu leise zu sprechen. Seine Pausen zu endlos zu dauern.
Ihr wart ja gar nicht geduldig genug, hinzuschauen, hinzuhören, abzuwarten. Ruh' zu geben in euch selbst.
Ihr wolltet doch sonst auch Theater mit Sauce. Mit Gewürz. Mit Marillenmarmelade. A bisserl was zum Nachherdrüberreden, im Beisel, am reservierten Tisch. A bisserl was für die Anekdoten. A bisserl a Hetz. Und vor allem mit der Mode der jeweiligen Zeit eilig dahinschlitternd. Ach – Mode! Ach, Einigkeit im Bestreben, anders zu sein.
„Ich habe noch eine Kindheitsangst" – habt ihr das gelesen? – „vor Männern in Jäger-, Bauern- und Gebirglertrachten. Ich fühle noch immer Mißbehagen angesichts von Gruppenkleidung, die sich von den übrigen absetzt, einen Unterschied fingiert oder unterstreicht. Trachten haben etwas Separatistisches, Klüngel- oder Clanhaftes. Ich finde Trost und Beruhigung in der die Unterschiede aufhebenden, Nationen verbindenden, internationalen Zivilisten-Uniform des modernen Großstädters."
Ich meine – es gibt ja nicht nur Gebirglertrachten. Nicht nur Jägermoden. Nicht nur Kleidereinheit. Oder?

Die Betriebstheater, die Routineschuppen mögen immerhin die schwarzen Fahnen über den Balkon heraushängen. Kortner ist tot. In vier Wochen wird pünktlich zu jeder Premiere der Lappen hochgehen, werden Abonnenten und Subventionszahler befriedigt, wird Kultur abgeliefert – oder was halt so dafür gehalten werden darf. Was dem Maler nicht zugemutet wird, dem Bildhauer nicht, dem Komponisten selten – nämlich *schnell* zu malen, schnell das Bild zu hauen, schnell zu komponieren, schnell zu schreiben womöglich –, das wird weiterhin dem Theater angeschafft werden. In Eile, gefälligst. Sowie auch nur von zehn bis zwei. Sonst stehen die Institutionen auf und werden rebellisch und blasen den Tintenatem vor sich her.

Kortner sollte demnächst an einem nicht unbekannten großen Hause unseres Landes inszenieren. Er wollte nimmer. Weil die Arbeitsbedingungen nicht mehr erträglich seien.

Da waren alle, alle sehr traurig. Und ändern konnte es keiner. Keiner! Weil wir schon so weit sowie auch so vollkommen den Kunstbeamten garantiert haben, daß auch Kunst nur nach Reglement sowie nach Stundenplan herzustellen sei.

Herzustellen.

Und: Kortner war ein alter Mann. Genossen, Freunde, Schüler, um nicht zu sagen: Modeschüler: Preist ihn und zitiert ihn. Erklärt euch als seines Sinnes. Er hat nämlich längst gefunden, was da und dort als erstmalig herausgedrücktes Ei besungen zu werden wünscht.

Kortner ist tot. Schlimm für das Theater der deutschen Sprache.

Und jetzt lobt ihn weiter.

26. Juli 1970

Er verkauft Zeitungen

Den kenne ich, lange schon. Er wechselt sich mit einem Kommilitonen ab an der Kreuzung; er hat nicht immer Zeit, offenbar. Aber wenn er da ist, merkt man es von weitem. Da ist immer größeres Gewurl, da bleiben einfach mehr Autos stehen, mehr Leute. Und er mittendrin, schwingt die Zeitung hoch überm Kopf, lacht dazu, eilt sich, allen schnell herauszugeben, ihr Blatt ins Auto zu schieben. Er hat zwei, oft drei verschiedene Zeitungen, harte Konkurrenten; er bietet sie gemeinsam an. Die Leute sollen sich informieren, meint er, lacht, besser drei als eine Zeitung verkaufen, mein Gott, was da drin steht ...
Den kenne ich.
Was macht der hier in Wien? Er ist Student, so lautet auf jeden Fall die Auskunft, von wem auch immer gegeben, auch von ihm, wenn man mit ihm ins Gespräch kommt. Student, aber schon seit fünf Jahren? Oder sind's sogar sechs? Was studiert er? Woran arbeitet er? Wo will er hinaus? Und warum immer noch diese Zeitungen, abends, in die beginnende Nacht hinein, mit dem grellen Umhang, Dampf vor dem Mund, Regen in den Nacken, eingewickelt in allerhand Schärpen und Mützen um diese Jahreszeit, die Zeitungen aber eigentlich immer besser schützend als sich selber. Wer will schon eine nasse Zeitung kaufen?
Er ist Student. Er verkauft immer noch Zeitungen. Nicht jeden Abend, aber doch.
Was denkt er sich, was hat er sich gestern gedacht, wie konnte er vor drei Wochen die Zeitungen so schwenken, worüber hat er vor einem Jahr noch gelacht? Er verkauft Schlagzeilen, die sich mit seinem Land beschäftigen. Lapidare Schlagzeilen, immer deutlicher, immer klarer die Signale. Er hält die Zeitungen ins Licht der Straßenlaternen und will möglichst viele verkaufen. Und lang soll es

nicht dauern, die Zeit ist nicht danach, länger als notwendig auf den Straßen dieser Stadt herumzustehen.
Er verkauft die Schlagzeilen, die über seine Zukunft berichten. Nein, seine Eltern leben nicht in der Hauptstadt, schon lange nicht mehr. Sie leben in der Provinz, eher im Norden, in einer Stadt zwar, aber trotzdem ganz abseits von aller Unruhe. Der Vater ist schon seit sechs Jahren in Pension . . . Was ist das, in Pension in Persien? Er lächelt ein bißchen müde; all diese Fragen der Leute hier, die in Sicherheiten denken und rechnen und darin großgeworden sind, die alles so selbstverständlich abfragen nach ihren Gewohnheiten und Bedürfnissen.
In Pension im Norden Persiens in unseren Tagen ist nicht das, was sich einer erwartet und erwarten will, wenn er im Norden Österreichs in die Ruhe geschickt wird, von der sie ihm sagen, er setze sich zu ihr. Sich zur Ruhe setzen, weniger ersehnt, oft als erzwungen erlebt, ist im Norden dieses Landes, das Schlagzeilen macht und von seinen eigenen Leuten auf den Straßen verkauft werden muß, anders als hier. Er ist froh, daß sein Vater „in Pension" ist, was nämlich bedeutet, daß er kein Amt mehr hatte, also kaum einem mißliebig geworden sein konnte in den letzten zehn Jahren. Denn in solchen Zeiten werden nicht nur die gerechten Rechnungen aufgemacht. Es finden sich da leicht Tribunale, und schnell kommt einem etwas abhanden und wird einem abgesprochen, das Leben etwa oder die Gesundheit oder auch das Dach überm Kopf.
Nein, der Vater lebt in der Provinz, im Norden, dort machen sie keine Schlagzeilen. Hofft er, will er einfach nicht, tritt dabei von einem Fuß auf den anderen, denn sie sind durchweicht und kalt, seine Schuhe. Es regnet seit Stunden, die Leute machen ungern halt, sie kurbeln auch ihre Fenster nicht leicht herunter. Persien verkauft sich schlecht bei Regen.
Den kenne ich, lange schon. Er wechselt sich ab mit einem

anderen an der Kreuzung, immer derselben Kreuzung, er hat nicht immer Zeit . . . Aber schon seit fünf Jahren oder so? Was studiert der? Warum noch immer, und wo will er hinaus . . .?
Fragen die Leute.
Und jetzt gibt er Antwort, und die steht in der Zeitung, tagelang sogar auf der ersten Seite. Es ist nicht gut gewesen, dort zu leben, wo er herstammt und wo sein Vater, Allah sei Dank, seit langem in Pension ist. Er hat darüber nie viel gesprochen, warum er bei sich zu Hause nicht so leben konnte, wie er das Leben für wert hält, gelebt zu werden. Das ließe sich nicht so leicht erklären, hat er immer gesagt, ist schwer, nein, ich kann nicht so . . . Und versuchte zu lächeln, und es gelang ihm auch immer wieder. Das alles war ja nicht zu vergleichen, dieses Leben hier und diese Menschen hier und das, was sie bewegt und was sie *nicht* bewegen kann. Einfach nie, schien es ihm, ließen die sich von dem beunruhigen, was auf sie zukam und längst schon über ihnen hockte. „Die glauben, sind beschützt von irgend etwas – hat sie aber schon gefressen, sitzen im Bauch von dem, der gefressen hat sie, das ist Schutz", hat er einmal in einer wärmeren Nacht gesagt, als die Schlagzeilen andere waren, ihn nicht betreffend, sondern irgendein ganz wichtiges Fußballspiel, das gut ausgegangen war. Und also sprachen auch die Politiker kurz über Fußball und ließen sich vernehmen zur Lage. Diese Zeitungen ließen sich sehr prompt verkaufen damals. Wir gingen ein Stück zusammen, er zu seiner Straßenbahn, ich nach Hause. Und weil ich ihn nicht fragte, vermutlich darum, fing er plötzlich an zu erzählen, von seiner Großmutter, die nie auf die Straße ging, von seiner Mutter, die aus eben dem Norden stammte, in dem der Vater jetzt leben konnte, von seiner Schwester, die ihm hierher in das fremde, aber so ersehnte, aber so geachtete Land nachgefolgt war und auch zu studieren begonnen hatte. Aber „sie kann

nicht studieren, sie weiß nicht, warum, sie kann nicht", sagte er in dieser Nacht und prophezeite ihr eine baldige Rückkehr. Aber das war anders gekommen, die Zeiten sprachen nicht für Rückkehr. Sie war hier geblieben, sagte er jetzt, im Winter, unterm Regen heraus, sie hatte sogar hier geheiratet, keinen Landsmann, einen Österreicher wollte sie heiraten, und so war es gekommen. Jetzt geht sie nicht auf die Straße, oder fast nicht, und ihr Mann geht in den Supermarkt und ins Gemüsegeschäft und bringt die Zeitungen nach Hause, in denen liest der österreichische Mann der Perserin nach, wie es zugeht im Iran und kann nicht alles finden.

„Sie müssen sich vorstellen", sagte ihr Bruder, „sie ist so glücklich, daß sie jetzt hier ist zu Hause, sie lebt da wie in Emigration, verstehen Sie? Sie hat diese Heirat und ein Kind, und sie muß nicht mehr nachdenken über zu Hause. Aber ich muß. Wir haben immer gehofft, das wird anders werden, aber jetzt wird vielleicht nur anders schlimm . . . vielleicht . . ."

Den kenne ich, lange schon. Der stand 1937 schon an einer Ecke in Paris, an einer Ecke in London, an einer Ecke in Istanbul sogar. Der war schon ein Jahr vor dem gloriosen Anschluß weggegangen, der traf dort die, die Deutschland schon 1931/32 verlassen hatten. Sie waren keine heroische Gemeinde. Sie hatten nur nicht leben wollen in einem Land, in dem sich ereignen mußte, früher oder später, was sich ereignet hat. Aber 1945, '47, '49 kam er nicht zurück, auch heute nicht. Den kenne ich, manchmal ist er zu Besuch hier. Aber er kann hier nicht mehr leben, nicht mehr in Frankfurt, nicht mehr in Dresden, nicht mehr in Danzig, schon gar nicht in München oder Linz, bei Mauthausen. Das ist vorbei, das weiß er. Das war möglich, war aber möglich, sagt er. Sagt er oft auch nicht einmal, schaut dich nur an.

Wie will man den vergleichen mit dem Studenten im 12.

oder 14. Semester, immer noch Medizin, immer noch Maschinenbau, immer noch nachts an der Ecke? Kann man nicht vergleichen, ist ein anderer Ansatz, weiß ich, wissen wir. Alle wissen wir alles und sind schlau, aber stehen nicht und halten nicht die Zeitungen hoch, in denen steht, ungewiß sei, was in unserem Land geschähe. Und wenig steht drin über die Provinz, in der der Vater lebt, Allah sei Dank, in Pension, seit langem.

17. Februar 1979

Faschingdienstag

Was sein muss, muss sein.
Es waren nur ein paar dünne, fadenscheinige, etwas zu grell geratene Strähnen auf der einen, zu farblos, hastig angeschmierte auf der anderen Seite des Kopfes. Rot und ocker. Und ein bißchen violett. Und eigentlich waren es ja die Haare, die so schütter und fadenscheinig um den Kopf lagen, ungeordnet, die Kopfhaut kam allenthalben hervor. Graue Haare, nun doppelt und doppelt schlecht gefärbt. Erst einmal ein verschlissenes Dunkelblond, weit hinterm Haarwuchs hatte sich dieses Blond bloß noch gehalten. Und darüber dann, unregelmäßig, hastig darübergestrichen, die drei Farben. Dünn und armselig.
Aber es mußte sein.
Dienstag um zwei Uhr nachmittags. Am Ende der großen Straße war so eine Art Platz übriggeblieben, den nannten sie die „Freiheit". Da war eigentlich nichts weiter als ein bißchen Platz und ein überdimensionales Schachspiel, um das die Habitués standen, stundenlang, einander beratend oder sich auch Beratung verbittend, die Bauern vorschiebend und die Türme zurücknehmend; oder die Dame, je nach den Gefahren, die drohten.
Und jetzt stand da ein kleines Karussell und standen da drei Buden: eine mit den obligaten Bratwürsteln, Flaschenbier und Semmeln, eine mit allerhand Zuckerwatte und Krachmandeln, in Zucker eingegossenen Erdnüssen und derlei Freuden des Zahnarztes. Schließlich, seiner Zeit Stunden voraus, ein Büdchen mit bläulichen sauren Heringen, Rollmöpsen, marmeladerot gefärbtem Ersatzlachs. Das war, so hieß es jedenfalls, die „Katerambulanz". Hier sollte gegen das Wüten des Alkohols gekämpft werden dürfen. Aber es war ja erst zwei Uhr nachmittags, wenn auch: Faschingdienstag.

Und ein Lastwagen stand da, mit einer Plane drüber, die an drei Seiten offen war. „Tanzkapelle Brunner" stand, korrekt und altmodisch, auf einem Schild, und die Tanzkapelle Brunner, drei lärmende Herren so um die rund gewordenen Vierzig, ging ihrem Heiterkeitsgewerbe nach. Sangen lustige Lieder, Schwiegermutter betreffend oder die Verwechslung von Ziegen mit Gemsen, Gams genannt, gleich hinterm Bauernhof, auf dem ein Berliner in Oberbayern Urlaub gemacht hat. Ja mei!
Unter den dünnen, doppelt gefärbten Haaren saß ein altes Gesicht, das einem noch gar nicht so alten Menschen gehörte. Eine Frau, gebückt, tausend Falten im Gesicht auf und absteigend, einander kreuzend, sich den Platz streitig machend in einer blassen Landschaft. Sie hatte sich drei schwarze Punkte ins Gesicht gemalt, zwei rechts und links vom Mund auf die Wangen und einen, etwas fetteren, auf die Nasenspitze. Eine breite, aufwärts gebogene, fleischige Nase, auf der ein größerer Punkt schon Platz hatte. Außerdem waren die Falten ihrer Stirn, wahrlich tiefe, endgültig gewordene Falten, hellblau ausgemalt, die Vertiefungen dunkler; da rieb sich die Farbe an dem Blau der nächsten Falte und erzeugte fette, überdeutliche Linien.
Traurig war der Mund der Frau, Trauer in ihrem ganzen Gesicht, das so verzweifelt Heiterkeit versammeln wollte. Faschingdienstag, vierzehn Uhr. Man mußte das doch wohl irgendwie feiern, es gehörte dazu. Wer am Faschingdienstag nicht lustig war, mußte ein gehöriger Sauertopf sein.
Die Frau wußte nicht, wie die Heiterkeit jetzt doch noch zu erwecken sei. Die bunten Strähnen im grauen, blonden Haar. Die drei schwarzen Punkte. Die blauen Stirnfalten. Sie hatte wirklich alles getan. Aber es wollte nicht klappen. Heiterkeit kam nicht auf!
Sie stellte sich unter den Lastwagenanhänger der Tanzkapelle Brunner und tat, was die anderen alten Männer und Frauen auch taten. Und die Kinder, die sich Zuckerwatte

ums Gesicht gewickelt hatten. Sie klatschte im Takt mit. Alle klatschten im Takt. Das Lied eignete sich dazu. Die Tanzkapelle Brunner hatte hauptsächlich Tanzlieder zum Mitklatschen im Repertoire, das war leicht zu erkennen, Marschlieder, nach denen auf dem kleinen Platz auch emsig schreitend getanzt wurde, und Walzer. Langsame vor allem. Aber die Märsche waren zum Mitklatschen besser geeignet.

Ein leichter Regen begann zu fallen und troff allmählich über die bunten Haare der Frau. Sie ließ das Klatschen bleiben. Es war schon fast drei, es hatte auch niemand mit ihr tanzen wollen. Es war Faschingdienstag, und: es mußte ein Faschingkrapfen gegessen werden.

Eine Konditorei hatte einen Tisch auf die Straße gestellt und darauf fettglänzende Krapfen gestapelt. Sie wurden gekauft. Am Faschingdienstag gehört sich das so. Viele Menschen, Kinder und sehr viele ältere, zogen um den Platz und in ihn hinein ihre Kreise, immerzu essend, denn zum Fasching gehört es auch, daß man auf der Straße ißt. Alle hatten Punkte im Gesicht oder angemalte Schnurrbärte, manchmal nur Drei-, Vier-Strich-Schnurrbärte, das waren dann Katzen! Viele Haare hatten bunte Strähnen, auch grüne, auch gelbe, auch zuckerlrosa. Die Leute waren unterwegs. Trotz Regen. Faschingkrapfen in den Händen oder Rostbratwürste oder Rollmopssemmeln. Und Pappbecher mit schaumigem Bier. An mehreren Seiten des Platzes waren Bierfässer unter weiß-blauen Sonnenschirmen, die jetzt als Regenschirme zu dienen hatten; dort wurde gezapft.

Es geschah nichts. Außer den dröhnenden Liedern der Tanzkapelle Brunner, die „Sepplbauer, Sepplbauer, dei Schwiegermutter liegt auf der Lauer..." durch sehr große Lautsprecher dröhnen ließ, gab es keine Ereignisse. Man ging. Man stand. Man wartete. Auch die Frau wartete. Sie war kurz beim Schachspiel stehengeblieben, hatte ver-

sucht, sich an dieses Spiel zu erinnern. Es hatte einen Mann gegeben früher ... einen Lehrer, der hatte mit ihr Schach zu spielen begonnen, damals, im letzten Schuljahr. Aber irgendwie war es nicht das Richtige gewesen, nicht das richtige Spiel – oder nicht der richtige Lehrer? Die Frau erinnerte sich nicht mehr, wußte nicht mehr, was da gewesen war, wußte nicht, wozu die Türme gut waren und wozu die Rössel, die wie Seepferde aussahen und die die beiden Männer nie bewegten. Die Rössel standen still auf ihren Plätzen. Als wären sie die eiserne Reserve, die man nur einsetzte, wenn die Not am größten war. Die alte Frau wußte es nicht mehr.
Es war Faschingdienstag. Sie mußte dasein, morgen würde sie sich sonst Vorwürfe machen, wenn sie heute nicht irgend etwas Faschingmäßiges, Faschinggemäßes unternommen hätte. „Ein Frosch warst wieder einmal, aber ein fader", hätte sie sich morgen in der Früh schon im Bett zugeflüstert, „am Fasching is ma lustig, da is was los, da geht ma hin!"
Sie war da. Ja, sie war da, war hingegangen, hatte die schwarzen Punkte ins Gesicht gemalt, hatte die Haare gefärbelt, hatte einen Krapfen gekauft und auch einen Rollmops. In der Reihenfolge. Auch ein Bier. Aber bloß ein kleines, denn sie mochte Bier gar nicht sehr, auch wenn es doch erklärtermaßen zum Lustigsein gehörte und zum Fasching sowie zur Heringssemmel.
Gut: Sie hatte es probiert. Sie hatte sich eingegliedert. Sie mußte sich keinen Vorwurf machen. Niemand konnte sie einen faden Zipf nennen oder einen Frosch. Bloß eine Bratwurst, die hatte sie noch nicht gegessen. Es wäre auch zuviel gewesen. Und sie kostete doppelt soviel wie sonst, immerhin. Bloß weil sie sie auf dem Platz verkauften und von einem Stand aus. Deswegen mußte sie doch nicht gleich so teuer sein, oder?
Sie hatte den Kummer Josef gesehen, nach sechs Jahren

wieder einmal. Der stand da immer in der Nähe der Bierfässer und redete mit den Leuten. Und wenn die auch mit dem Kummer Josef gar nicht reden wollten, die Leute, zog er sie trotzdem ins Gespräch. An der Joppe zog er sie, an einem Knopf des Regenmantels zog er sie – und dann redete er los. Der war immer so gewesen, der Kummer Josef, wollte mit allen reden, und für ein Bier schon gar. Der hatte sich eine Pappnase umgebunden, mit einem kleinen Schnurrbart, an einem Gummiband hatte er die Nase in seinem Gesicht befestigt. Lächerlich, der Kummer Josef! Früher, als der noch bei der Polizei gewesen war, Gendarm oder so, da hatte er selber einen Schnurrbart gehabt. Aber einen richtigen, einen mächtig großen, nicht so einen depperten, der an eine Pappnase gepappt war. Der Kummer Josef, was der sich antat, bloß weil Fasching war!
Die Leut' waren da. Viele Leut' eigentlich nicht, aber doch a paar. Viel Kinder halt, wegen dem Karussell mit den Rennautos und dem Tiger. Und alte Leut'. Da waren sie. Sie waren gekommen. Weil: Es war ja Fasching.
Und was sein muß, muß sein.

8. März 1992

Zu Besuch aus Israel

Sie konnte siebzig sein, vielleicht auch fünfundsiebzig. In ihren Augen war wahrscheinlich mehr Alter versickert, als ihr Gang, ihre Bewegungen, ihre schnelle, genaue, aber bei dieser Genauigkeit immer vorhandene Zurückhaltung erkennen ließen. Erkennen lassen wollten.
Sie war nur zu Besuch da. Ein paar Wochen Besuch bei ihrem Bruder, dem einzigen ihrer Familie, der auch überlebt hatte. Und der nun wahrscheinlich bald zu sterben haben würde. Aber ein Tod, auf den er eigentlich gelassen warten konnte.
„Er hat überlebt, weil er schon '38 nach England konnte. Im Februar ist er rüber. Er war ein Pfadfinder, sogar ein Pfadfinder-Führer, nahm das immer so ernst. Wir lachten ihn aus, weil er doch diesen Hut hatte, aber er konnte da nicht mitlachen. Ja, und dann war dieses Jamboree, wie die Pfadfinder das nennen, in Wales, und er fuhr hin und besuchte noch einen Freund in Schottland. Und dann marschierten hier die Nazis ein – und er blieb drüben. Wir begriffen erst nicht, wieso man mit siebzehn in einem fremden Land bleiben konnte. So durfte man sich doch einfach nicht fürchten vor Leuten, die doch auch nur Menschen waren, hat der Onkel Edi im März 1938 gesagt – und er hat nicht recht behalten, wie Sie wissen. Man durfte sich fürchten, man durfte. Man hat nur zu spät... weil man natürlich immer glaubt, die Leute seien doch auch nur Menschen. Nur."
So ungefähr erzählte die alte Frau, zu Besuch aus Israel, um in der Nähe des Bruders zu sein, der Pfadfinder gewesen war und nun in der österreichischen Stadt starb, in der er geboren worden war, in der er aber nicht immer leben konnte.
Sie hatte Zeitungen gelesen und Rundfunk gehört, sie hat-

te auch ein paar Fernsehsendungen angesehen – ohne Aufregung, wie es schien, ohne Gefühl fast. Die alte Bedienerin des Bruders, die hatte es freundlich und arglos ausgesprochen, was sich auch andere Bewohner des Hauses dachten: „Die san gar nit so, recht freundlich, und jetzt is zum erstenmal wieder da seit'n 38er Jahr, und wie wenn nix wär, wirkli!!"
Nur als in der Straßenbahn zwei Herren miteinander in das hineingerieten, was man Übereinstimmung oder auch ein angeregtes Gespräch nennt, nämlich über eben jene Rundfunksendungen, Zeitungsartikel, die an 1938, März und vorher, erinnerten, und die beiden Herren fanden übertrieben, fanden unnötig, fanden masochistisch, was dieses Land sich da antue, wo man doch wisse, daß ja auch schließlich – und da wurde die Übereinstimmung der beiden Herren besonders übereingestimmt, als sie die Seiten des Regimes aufzählten, die ja schließlich auch positiv gewesen waren ... Nur als in der Straßenbahn zwei Herren übertrieben fanden, daß dieser Staat sich erinnern wollte und auch versuchte, seinen Kindern zu erzählen, was war und wie es war und was alles möglich werden konnte von Menschen zu Menschen hin: da war die alte Dame aufgestanden und hatte gesagt: „Bitte, mir ist schlecht, kann ich aussteigen ...?" Und sie konnte aussteigen.
So habe ich sie kennengelernt.
Sie könne das nicht verstehen, sagte sie dann. Ob das denn nicht eine Ausnahme sei, was die beiden Männer da eben geschwafelt hätten? Ob das denn wirklich so sei, daß man schon als übertrieben und als zuviel empfände, was in den letzten Wochen gesagt und gezeigt und gedruckt worden sei? Denn dann müsse man ja jede Hoffnung verlieren. Dann sei das eben ein Betriebsunfall gewesen, wie unter Menschen üblich; bedauerlich, wenn er schlecht ausgehe, betrüblich, wenn er schlimm ende, erheiternd, befreiend, wenn noch mal alles gutgegangen sei.

Also wiederholbar. Jederzeit, unter ähnlichen oder auch unter anderen Vorzeichen wiederholbar, wie?
Dann war sie weggegangen. Ich war sicher, sie nicht mehr wiederzusehen, aber nach drei Tagen trafen wir uns in derselben Straße. Sie hatte Milch gekauft, trug zwei Kartontüten in einem altmodischen Netz, das sie möglicherweise in der Speisekammer ihres Bruders gefunden hatte. Und wir sprachen noch einmal miteinander, und da erzählte sie dann.
Es sei nämlich hier, genau hier in dieser Straße gewesen, wo sie damals auf den Abtransport gewartet hätten. Ihre Eltern, beide schon ziemlich hinfällig, vor allem der Vater, die beiden älteren Schwestern. Dieser Onkel Edi nicht; ihn hätten sie später getroffen, er war in demselben Lager, ja.
Ostern sei es gewesen, das heißt Gründonnerstag. Die Leute hätten diese Zweige herumgetragen und seien alle ziemlich fröhlich gewesen. Man habe wenig Spinat zu kaufen bekommen, das habe sie gewußt und auch die Leute auf der Straße darüber reden gehört. Die Spinatknappheit. Niemand habe sie beschimpft oder irgendwie belästigt, wie sie da auf der Straße standen, nein, das nicht. Es sei eigentlich anders gewesen, viel ... sie zögerte eine Weile, um genau zu sein in ihrer Wortwahl, dann sagte sie – ja: viel entsetzlicher.
Sie seien da gestanden, alle aus dieser und den umliegenden Straßen. Man habe sich teilweise gekannt, aber längst nicht alle, nein, etwa fünfundzwanzig Menschen, davon zwölf alt, sehr alt. Drei Frauen hatten Klappsitze mitgebracht, wie man sie heute verwende, wenn man vor der Oper Schlange stehe, wegen „Rosenkavalier". Sie habe das in Israel in der Zeitung gesehen, ein Photo, solche Klappsitze. Darauf saßen die Alten abwechselnd, und die alten Herren weigerten sich, zu sitzen, ließen den Damen den Vortritt. Es sei fast komisch gewesen, denn sie hätten doch

alle diese Schilder um den Hals getragen, mit Name, Alter, Geschlecht... und JUDE sei natürlich draufgestanden. Mit diesen Schildern hätten diese alten Herrschaften ausgesehen wie greise Kinder, die man in ein Ferienlager schickte, damit sie auch ja ankämen und die Schaffner wüßten, wo sie umzusteigen hätten. Drum diese Schilder um den Hals – man kenne das ja. Kinder pflegen manchmal auch heute noch so zu verreisen, die Fluggesellschaften, nicht wahr, die haben da kleine Kärtchen in Plastikhüllen, die hängen sie den alleinreisenden Kindern um den Hals... oder an den Skilifts in den Wintersportorten, auch da Papierausweise um den Hals gehängt.

So seien sie alle da gestanden und die alten Frauen abwechselnd gesessen. Hier, in dieser Straße, weil das Lastauto sich irgendwie verspätet habe.

Und die Leute seien an ihnen vorbeigegangen mit ihren Zweigen, wegen Gründonnerstag, und die Spinatknappheit... Und eben: niemand habe sie beschimpft oder belästigt. Sondern die Leute hätten *sich* belästigt gefühlt, man habe es deutlich gemerkt. Sie hätten die Zettel um den Hals der Menschen gesehen, da am Straßenrand, mit kleinen Koffern und Taschen, alle im Wintermantel, natürlich die Männer mit ihren Hüten. Und weil da JUDE draufgestanden sei und man also offensichtlich etwas mit ihnen vorhatte und sie auf Abtransport warteten und da am Straßenrand bleiben mußten... – Das alles hatte so offensichtlich nichts mit Ostern zu tun, mit Kinderfreude, mit endlich einmal an etwas anderes denken können als an Politik – im Gegenteil.

Ja, wir belästigten die Leute. Wir standen da eine Stunde und eine halbe. Ganz wenig Polizei bewachte uns, ich weiß gar nicht mehr, ob das Polizisten waren... Und erst nach einer und einer halben Stunde kam das Lastauto, und wir stiegen hinein. Das war nicht einfach für die Alten, wir hoben und schoben sie. Außen an der Bordwand stand

auch: JUDEN, mit gelber Ölfarbe, und wir fuhren zu einem Güterbahnhof.
Und auf dem Lastauto habe der alte Lehrer dieses Gedicht gesagt, weil ja Ostern war und Frühling. Sie habe es dann auswendig gelernt und oft, oft vor sich hin und auch anderen gesagt. Von Mörike. Weil doch neulich im Radio auch Mörike war. Und sie, ja sie könne es heute noch.

Ostern 1978

Ich muss auch leben

Jeden Morgen den langen Gang zur Untergrundbahn einer ausländischen Stadt entlanggegangen, so gegen acht, halb neun. Zwei Stock unter die Erde. Zuerst eine Rolltreppe, die aber an elf Tagen kaputt war. Vollkommen still. Und Rolltreppen haben ungewöhnlich hohe Stufen. So ist das Runter am Morgen, das Rauf am Abend mit etlicher Anstrengung und vor allem mit allerhand Gepolter verbunden.

Bergab über die eiserne Treppe, tief, noch tiefer, und dann unten nach links gebogen und dann weiter. Der liegt lang vor dir, will gar nicht mehr aufhören, zieht sich unter die ganze „Avenue de la", na, was denn wohl sonst, „de la Grande Armée" hin. Weiter da hinten wird er schon unscharf in einigem Dunst, so endlos ist der Gang. Um halb neun am Morgen gehen da wenige Leute. Die meisten sind längst unter Tag getaucht und in ihre Büros geschloffen. Jetzt sind Hausfrauen unterwegs und einige Rentner. So ist der Gang übersichtlich.

In der Mitte, absolut genau in der Mitte – nach acht Tagen wurde es einmal abgegangen spät am Abend, das wollte man einfach wissen, ob der sich wirklich die genaue Mitte ausgesucht hat; 97 Schritte von der mechanischen Sperrtür bis zu seinem Platz, weitere 97 Schritte von dort bis zur stillstehenden Rolltreppe –, in der genauen Mitte also hat *er* seinen Platz. Drei Lagen Zeitungspapier, ein hölzerner Rost wie ein Trittbrett, ist aber ein Sitzbrett. Da drauf sitzt er, pünktlich von sieben Uhr fünfzehn am Morgen bis um zwölf, dann noch einmal von eins bis sieben. Fast zwölf Stunden also. Präzise, genau, ohne Abweichung von der Regel.

Wo seine Absätze auf den Fliesen aufliegen, sind zwei schwarze, tiefschwarze Striche, Marken seines Dagewe-

senseins. An diesen Marken kannst du die Mitte von hier bis dorthin und auch wieder weiter messen.
Er sitzt aufrecht auf seinem fünf oder zehn Zentimeter hohen Rost. Gepflegt. Weißhaarig. Tadelloser Haarschnitt. Krawatte. Dunkler Anzug. Ja, schon etwas älter, etwas abgeschabt oder so, nicht lächerlich heftig gebügelt, das nicht. Die Schuhe sind sauber, aber sie glänzen nicht aufdringlich. Er sitzt da wie hinter einem Schalter. Korrekt. Vertreibt sich die Zeit nicht etwa durch Zeitunglesen oder sonst was Unseriöses. Er ist bereit für die Kundschaft. Er wartet. Man kann ihn erreichen. Er hat geöffnet.
Man kann ihn natürlich einen Bettler nennen. Doch. Er hat nichts anderes vor. Er sitzt und wartet auf milde Gaben. Er hat auch ein handgeschriebenes Schild aufgestellt, nicht sehr aufdringlich, man muß sich fast hinunterbeugen, um es lesen zu können. „Ich muß auch leben", steht auf dem Schild. Mehr nicht.
Auch nicht weniger.
„Ich muß auch leben."
Und wenn einer es wissen wollte, was da stand, wenn einer sich also hinuntergebeugt hatte, dann war er der sauberen Messingschüssel schon so nahe, daß er schwer *nichts* hineinscheppern lassen konnte. Nur, freilich, in gebückter Stellung läßt es sich nicht ganz so leicht nach dem Portemonnaie fingern. Das Geldbörserl sitzt beim Mann gern hinten rechts, Damen haben es wohl meistens im Handtascherl. Also muß man sich aufrichten, fingert, sucht, gräbt . . . Und da kann es geschehen, daß eine kleine Schlange von drei Menschen entsteht, die sich lesend hinabgebeugt haben und die nun suchen und dem nächsten den Vortritt lassen. Plenngg, macht die Münze. Plennggplenngg, wenn es denn zwei Münzen sind. Was auch vorkommt.
Warum beugen die sich hinab? Warum wollen die lesen, die durch den langen Gang zu eilen haben?

Ja, nicht alle lesen. Viele gehen vorbei, mit dem starr gewordenen Blick dessen, der signalisieren will, er habe rein gar nichts bemerkt und sei jedenfalls in hastigen Gedanken. Aber ja. Die meisten. Muß man sich nichts vormachen. Aber eben doch: immer wieder beugt sich einer, krümmt sich, will lesen. Und fühlt sich dann verpflichtet.
Der Mann, der sitzt, aufrecht sitzt, nimmt entgegen. Nickt knapp mit dem Kopf. Manchmal sagt er ein leises Dankeschön. Aber nicht immer. Als ob er die Steuer entgegennähme. Nickt knapp. Läßt einmal liegen. Nach einer Weile erst räumt er die Messingschale mit ziemlich langsamen Bewegungen. Läßt die Münzen in seine Sakkotasche gleiten. Und blickt vor sich hin. Geradeaus. Als ob er meditiere.
Ich habe ihm, aus gehöriger, aber eben doch nicht genügender Entfernung, eine Weile zugesehen. Vorher hatte ich mich gebückt, mußte nicht mehr lesen, kannte den Text schon, verstand und begriff, daß er auch leben mußte, hatte meine Münze in die Schale gleiten lassen, mußte mich bücken, um nicht danebenzutreffen, unsere Augen waren sich kurz begegnet. Wir kannten einander jetzt schon. Manchmal ging ich an ihm vorüber; nachdem er zweimal höflich zurückgegrüßt hatte, grüßten wir einander immer. Manchmal gab's eine Münze, aber nicht jeden Tag. Nein, das nicht.
Und heute stand ich und wollte dem Parteienverkehr zusehen. Fünf Minuten stand ich. Er sah mich nicht an. Eben hatten wir uns gegrüßt, meine Münze lag noch in seiner Schale. Einer kam und las. Und gab. Ein zweiter kam und hatte gelesen und suchte sein Börsel, und so mußte ein anderer warten, bis er drankam, und der wartete auch gehorsam, doch. Und dann hatten alle ihre Steuer bezahlt, und er saß wieder allein.
Und plötzlich hob er den Kopf, sah mir in die Augen und fragte: „Monsieur?!!!"

Als habe man ihm ungehörig beim Ausüben seiner Arbeit zugesehen. Er war zur Verfügung gestanden, er hatte offengehabt, ich konnte erledigen, was ich offenbar erledigen zu müssen geglaubt hatte, aber nun war das alles ja geschehen. Was hatte ich da noch zu stehen? Was hatte ich da zu beobachten? War noch was? War etwas nicht in Ordnung?

Leise Ungeduld im Blick eines Beschäftigten. Er hatte wenig Zeit. Man sollte ihn nicht weiter stören. Er hatte zu . . . ja, was? Zu meditieren, das scheint mir das einzig richtige Wort für sein aufrechtes Sitzen in der genau ausgemessenen Mitte des sehr langen Ganges zu sein. Diszipliniert. Pünktlich. Mit Mittagspause offensichtlich. Denn zweimal ging ich so gegen halb eins da durch, und der Rost war zwar da, der Mann aber nicht. Also würde er wiederkommen. Also war er mittagessen. Hoffentlich hatte er anständig verdient den Morgen über.

In Chicago, glaube ich – könnte aber auch Los Angeles sein –, hat die Stadtverwaltung eine ordentliche Sache eingeführt. Sie gibt Gutscheine aus. So eine Art Lebensmittelmarken. „Gutschein für ein Essen". „Gutschein für eine Suppe". „Gutschein für ein Kilo Reis". „Gutschein für ein Paket Brot". (Denn in Chicago und auch in Los Angeles gibt es ja leider fast nirgends einen Laib Brot, sondern nur das raschelnde, schwammige Zellophanpackerlscheibenbrot. Und nun schon gar für Gutscheine . . .)

Diese Gutscheine kann man kaufen. Sie kosten nicht viel. Aber sie kosten etwas mehr als die obligate Münze in den Hut. Sie sind für Notleidende bestimmt. Das Wort Bettler fällt nicht. Wird nicht verwendet. Man kann die Gutscheine einlösen. Und man kann sie denen geben, die um Nahrung betteln. Es soll damit verhindert werden, daß Trunksüchtige und Drogenabhängige Geld erbetteln, das sie nicht – so die Stadtverwaltung von Chicago oder Los Angeles –, das sie nicht „verdienen".

Als ob das zu überblicken wäre.

Der Sitzende im langen Gang würde die Augenbrauen heben, so fürchte ich, wenn er einen Gutschein für ein Kilo Reis in der Messingschale vorfände. Oder einen Gutschein für eine Suppe.

Er würde es nicht aussprechen; aber er würde es deutlich machen, daß er sich derlei Eingriffe in seine Entscheidungsfreiheit verbitte.

Er hat möglicherweise schon gegessen. Er schätzt vielleicht keine Suppe. Der Gutschein könnte fehl am Platz sein. Obwohl er eine sinnvolle Erfindung zu sein scheint. Aber nicht für jeden. Aufblicken würde er, gestört wäre er. Vielleicht käme es wieder, das leicht verwunderte: „Monsieur?" Könnte schon sein. Doch.

12. Januar 1992

Der Stier zögerte nur wenig

Der Stier zögerte nur wenig, als er von den drei Männern aus dem sehr engen Stall ins Freie geführt wurde. Zwei zogen an ihm herum, einer schob vorsorglich, wobei er – einfach so, aus Gewohnheit – den Schwanz des Stieres wie eine Straßenbahnkurbel drehte. Aber der Stier war ohnehin bereit, alles zu tun, wovon er sich Ruhe versprach.
Draußen war es sehr hell. Die Sonne brach in den Hof, die Spatzen grölten, die Amseln und alle anderen Vögel, denen man das zutraut aus Gewohnheit, pfiffen und flöteten melodisch.
Der Stier konnte dazu keine Stellung beziehen. Er sah die Helligkeit nur wie einen sehr fernen Schein. Sie hatten ihm einen dicken Jutesack über den Kopf gezogen. So kam er aus dem Stall: ein Stier, der eine Maske trug. Oder eine Mütze. Ein Stier auf dem Roten Platz, denn der Sack saß ihm wie eine Pelzmütze auf dem Kopf. Diese Mützen nennen die Leute Russenmützen, so haben sie es gelernt.
Und der Hof war tatsächlich sehr rot. Eine Wand vollgestellt mit Limonadekisten, knallrote Plastikschragen, dann die Sonne drauf – schließlich der Zementboden, der seine Röte nie mehr ganz verlieren konnte und der gleich noch viel mehr Rot über sich hin erwartete.
Davon hatte der Stier keine Kenntnis. Er trug die Russenmütze. Er fühlte, daß sein Schwanz wie eine Straßenbahnkurbel gedreht wurde. Von Straßenbahnen hatte er auch keine Kenntnis, von Belästigungen aber schon. Der Stier wußte nicht viel, das wußte er aber gar nicht: warum vorne zwei Stimmen beruhigend auf ihn einsangen: „Hoho . . . So daaa – jööjöö . . . ho! hooo", und vier Hände an ihm zogen und zerrten. Die Kette klirrte, die sie an seinen Hörnern, an seinem Hals, nicht aber durch seine Nase befestigt hatten. Leises Schieben, vorsichtiges Ziehen, beruhigen-

des „Hoohoo!" – aber doch dieses Drehen hinten an seinem Schwanz.

Der Stier war unentschlossen. Er zögerte. Er wußte noch nicht recht, woran er sich halten sollte. War die Beruhigung vorne, war die Belästigung hinten das, wonach es zu handeln galt? Der Stier zögerte. Dieses Zögern nützen sie immer. Die anderen zögern nie. Sie wissen, warum sie vorne leise und beruhigend singen, sie wissen, warum sie hinten eher zärtlich schieben – einerseits, andererseits aber doch die Straßenbahnkurbel anwenden.

Außerdem gab es einen fremden Geruch im Hof. Einen Geruch, den der Stier nicht kannte. Er kannte Wiesengeruch, Grasgeruch, Löwenzahngeruch, Stiergeruch, Kuhgeruch, den Geruch der sabbernden Kälber nach Milch und allerhand Futtermitteln . . . das war noch vor kurzem sein eigener Geruch gewesen, denn er war ein sehr junger Stier. Dreizehn Monate oder fünfzehn, sollten sie wenig später stolz und lobend über ihn sagen. Dann aber war es zu spät – was er aber nicht wissen konnte.

Er kannte diesen Geruch nicht, der da im Hof war. Woher denn auch. Was hat ein Stier schon mit Blut zu tun, es sei denn, er muß es lassen.

Die Kette an seinen Hörnern, an seinem Kopf wurde durch etwas Eisernes gezogen. Es klirrte und schrammte. Die Straßenbahnkurbel wurde nicht mehr gedreht. Einen Augenblick schien Ruhe zu sein, keiner redete mehr auf ihn ein. Das dauerte aber nicht lang. Die Stimmen wurden plötzlich etwas lauter. Aufgeregt kann man nicht sagen, das wäre zuviel gesagt, nur etwas lauter, vielleicht sicherer? Schritte hin und her, Klirren von irgendwas, Klappern und Rumpeln von Holzbottichen oder so, noch mal die eine Stimme, etwas lauter. An der Kette über seinem Kopf wurde nachdrücklich gezerrt, hinten wurde er zurechtgeschoben, an der einen Flanke, an seinem linken Schenkel, aber der Stier wußte nicht, daß dieses Schieben ein Zurechtschieben war – und wozu zurecht, wußte er auch nicht. Denn er bekam sehr plötzlich einen knallenden, einen klirrenden Schlag vor den Kopf. Richtig, ja: *vor* den Kopf, es war genauso, denn der Schlag klirrte an einen Ring der Kette, die zwischen den Hörnern, um den Hals, die eben an vielerlei Stellen seines Kopfes hin und her ging. Der Stier spürte keinen besonderen Schmerz, das kann man wohl nicht sagen; dazu hielt die Russenmütze, hielt seine eigene junge Stirnwolle, hielt vor allem der große Ring der Kette zuviel ab von der Wucht des Schlages. Es war eher der klirrende Knall an seinem Kopf, es war eher dieser plötzliche Lärm zwischen seinen Augen, der den Stier verwundert stehen ließ. Er sprang nicht zur Seite, sprang auch nicht mit allen vieren gleichzeitig in die Luft, wie wir es aus den Stierkampfberichten so sorgfältig geschildert kennen. (Dieser Verwunderungssprung des Stieres, der die ersten Reizstachel ins Genick bekommt, von denen die Aficionados genau wissen, wie sie heißen und zu welchem Zeitpunkt des lüstern vorgebeteten Rituals sie sich in den Stier zu versenken haben: dann springt der Stier, spätestens dann ist der Stier gewarnt. Nicht nur gereizt, denn das muß er längst sein, soll das Ritual in eine schöne Messe münden; aber gewarnt, denn auch der Stier braucht seine Chance. Sagen die Aficionados.)

Nicht so dieser Stier. Er brauchte keine Chance. Er hätte sie auch nicht zu nützen gewußt. Will sagen: Er hätte auch nichts zu tun vermocht, was irgendwem den Eindruck vermittelt hätte, er habe eine Chance und er nütze sie.

Denn: Er spürte noch einmal einige Hände an seiner Flanke, an seinem Schenkel, fühlte sich abermals zurechtgeschoben. An der Kette zwischen seinen Hörnern nestelten irgendwelche Hände noch etwas zurecht, schoben auch den Jutesack hinunter, nasenwärts. Ein Strahl des überhellen Lichtes kam durch eine verrutschte Falte plötzlich in das Auge des Stieres. Das tat weh, dieses Licht, dieses

so plötzliche Licht, aber nicht lange; denn dann war dieses Krachen da, dieses Krachen, das wie ein sehr entfernter Böllerschuß klang – jedenfalls für den Stier, nicht für die Menschen, die dabeistanden. Für die klang es so, wie ein kurzer, weggeschluckter Blitz sofort in einen stotternden Donner münden kann, nur Bruchteile einer Sekunde lang. Irgend etwas birst weiter oben, die Väter erklären ihren furchtsamen Kindern die Sache mit der Elektrizität und der Entladung, hoffentlich wissen sie's noch, die Väter.
Davon weiß aber der junge Stier nichts. Die Russenmütze ist nur wenig verrutscht. Wie klingt ein entfernt abgeschossener Böller? Wie unterscheidet sich dieser Klang vom trockenen Bersten eines eben zerknallenden Blitzes? Wer sagt das dem Stier? Wer sagt ihm, daß es seine eigene Schädeldecke war, die eben zersprang, daß eine Spitze in ihn eingedrungen ist, vorne, an einem gemeinen Instrument hervorspießend? Das ist der Krickel, hatte der Metzger stolz erklärt, das können nicht mehr viele, das mit dem Krickel, aber ich schlage sie alle so, mein Vater hat es mir beigebracht, es geht schneller, und billiger ist es auch.
Aber es ist verboten, sagte die Tochter des Großfleischhauers, als sie davon hörte. Es ist unmenschlich. Die Rinder werden immer betäubt, bevor sie dem Schlachtvorgang zugeführt werden. Kein Rind, das nicht betäubt würde. Sie merken es nicht, die Tiere. Das andere aber ist widerlich, es ist inhuman, wenn die Tiere nicht betäubt werden. Ich weiß es, meine Eltern hatten eine Großfleischhauerei. Tausend Tiere gingen über unsere Bänder, wir hatten Fließbänder, wir haben sie noch, die Tiere werden betäubt.
„Daß Sie sich das ansehen können", sagte der Mann, im Gastzimmer der Fleischhauerei sitzend – Gasthaus und Fleischhauerei, das verspricht große Portionen –, „ich finde das widerlich, ein Tier zu töten, ekelhaft." Sagte der Mann. Sagte es über einen Rostbraten, in einem großen Gasthaus mit angeschlossener Fleischhauerei – nicht we-

gen der Pointe, tatsächlich über einen Rostbraten hin. „Wie kann man das nur machen", sagte er, „mir dreht sich der Magen um." Er bemühte keinen Konjunktiv, er sagte: „Mir dreht sich der Magen um." Er griff in den Brotkorb. Er nahm sich ein Kümmelweckerl, resch, braun, wie der Bäcker des Dorfes sie zu backen wußte. Er hatte ziemlich viel Sauce bei seinem Rostbraten, der Mann.
Zwanzig Gramm Protein sind das Minimum, das ein Mensch pro Tag braucht. Vor allem die Kinder in ihrer Entwicklung, wollen sie nicht verblöden. Hierzulande nehmen die Menschen täglich 82,5 Gramm, davon 54,9 an tierischem Eiweiß, zu sich. In Indien stehen dagegen pro Kopf am Tag nur sechs Gramm tierisches Eiweiß zur Verfügung. Im Iran zwölf, an der Elfenbeinküste dreizehn, in Tunesien elf und in Mexiko vierzehn Gramm.
Das wußte der Stier nicht. Auch der Mann, der sich über dem Rostbraten erregte, wußte es nicht. Das stand ja auch nicht zur Debatte.

8. Juni 1974

Der Geist geht zu Fuss

Jeden Tag muss er durch die eiserne Gartentür. Jeden Tag hat er über die Pfütze zu steigen, die dort in einer Mulde auf ihn wartet. Die Mulde ist ein kleiner See, wenn es heftiger als heftig regnet. Wo die Mulde am tiefsten ist, wartet ein Ablaufgitter. Das soll das Wasser schlucken. Kann es aber nicht schlucken. Weil verstopft. Halb verstopft, seit Jahr und Tag. Die Herren von der Kanalräumung haben es begutachtet, das Gitter. Bekamen glänzende Augen. Wetzten die Zungen an den Oberlippen. Entblößten die Schneidezähne, die hungrigen. Freuten sich schon auf ... Erklärten, das werde aber leider eine größere Sache, werde das. Leider, ja. Da müsse man freilich schon ... da werde man kaum umhin können ... nämlich tief. Nämlich lang. Nämlich bis auf die Straße. O ja. Vier Tage Arbeit. Sonst ...
Darum muß er täglich über die Pfütze steigen.
Jeden Tag, solange der Schnee schmilzt, solange der Regen regnet, solange das Wasser so langsam versickern kann.
Jeden Tag sieht er die Primeln etwas höher aus der Erde brechen. Sieht er auch die grünen Lanzen des Schneeglöckchens bohren und stoßen und drängend aufragen. Kann noch Schnee liegen, kann noch eine kleine Platte Eis drücken und glänzen und panzern; macht nichts. Jeden Tag hat sich das weitergebohrt, ist das millimeterweise durchgebrochen. Das läßt sich Zeit. Das hat Beständigkeit. Und Geduld. Und so auch Kraft. Das ist nicht das spitze grüne Blatt, das da etwa so gewalttätig zu bohren imstande wäre. Dann ginge das ja womöglich auch schneller. Horuck und so.
Vielmehr: die Geduld. Langsam. Millimeter um Millimeter. Da hilft auch der Eispanzer kaum etwas. Der wird auch

weggehoben. Ohne Eile. Ohne Hast. Und dann sind eines Tages die Blüten offen.

Und da staunt er dann.

„Hat alles seine Zeit / das Nahe wird weit / das Warme wird kalt / das Junge wird alt / das Kalte wird warm / der Reiche wird arm / der Narre gescheit / alles zu seiner Zeit."

Das sind so schlaue Sprüche. Und die sind natürlich vom alten Johann Wolfgang, aber ja doch, natürlich. Der hat auch darauf seinen Vers gemacht. Aber . . . aber es stimmt ja. So steigt er über die Pfütze, sieht er der Blumenblattlanze zu, wie sie, ohne aufzuhören, aber ganz und gar bedächtig die Erde beiseite hebt . . .

Immer mit der Ruhe.

Er muß da jeden Tag vorbei. Der Schnee schmilzt. Der Regen pladdert. Die Kälte beißt. Die Blume hält Ausschau nach einem Töpfchen Sonne.

Da kannst du die Uhr wegstecken. Wenn die Tage noch so hoppeln. Plötzlich steht die Zeit ja doch ein bissel still.

„Palmströms Uhr ist andrer Art / reagiert mimosisch zart. / Wer sie bittet, wird empfangen, / schon ist sie so gegangen, / wie man herzlich sie gebeten, / ist zurück- und vorgetreten, / eine Stunde, zwei, drei Stunden, / je nachdem sie mitempfunden.

Selbst als Uhr mit ihren Zeiten, / will sie nicht Prinzipien reiten. / Zwar ein Werk wie allerwärts, doch zugleich ein Werk – mit Herz."

Diese sensible Taschenuhr des Herrn Palmström hat sich der freundliche Christian Morgenstern ausgedacht, und wenn du die so ticken hörst und ihr zusiehst und mit ihr lebst, wie sie die Zeit behandelt, wird dir möglicherweise eben doch ein bissel wärmer ums Herz. Was nicht unbedingt schaden kann. Denn das hat ja mit deinen Gefühlen zu tun; wie du deine Zeit erlebst, wie du sie dir vorstellst, wie du sie zu empfinden vermagst.

Jeden Tag muß er durch die eiserne Gartentür. Steigt über

die Pfütze. Die Pfütze ist mal gefroren, mal ist sie ein Teich, mal ist sie eingetrocknet. Aber er weiß, sie ist eigentlich immer da. Kaum fällt Regen – da ist sie schon, steigt sie schon auf, zwingt sie ihn schon, die Füße zu heben, drüberzusteigen, sich wegzuheben.
Also die Zeit. Also die Zeit, die sich einer läßt. Wenn sie die Osterlieder singen. Wenn sie die Evangelien lesen. Wenn die Weihräuche aufsteigen. Wenn sie stillstehen, weil die Glocken schon wieder hinter einem Hügel herüberläuten, weil sie tief und hell, brummig und musiknärrisch über ein ganzes Stadtviertel hintönen.
Also kannst du doch stehenbleiben. Also kannst du doch dein Fenster aufmachen und dem zuhören.
Also kannst du doch deine Beine gebrauchen und den Weg dir selber suchen, wenn du den Ostermorgen lebendiger als unter der Tuchent zu dir herlassen willst. Komm dir nicht unbedingt schlauer vor als all die Brauser und Raser, die an dir vorbeihecheln mit allerhand Pferdestärken und schnell den Ostertag irgendwie mitnehmen wollen.
Wie war das mit dem alten Mohammedaner, der wieder einmal nach Mekka zu pilgern hatte? Der hatte sich überschwatzen lassen, doch mit dem Flugzeug zu fliegen. Das mache man heute so, das sei ja auch viel weniger beschwerlich, bitte, hier, alles ist bezahlt, gute Reise, Opapa. Das alles natürlich in fließendem Arabisch. Da flog er denn. Und kam zurückgeflogen und machte sich gleich auf den Weg zum Schuster. Die Schuhe mußten einen neuen Riemen bekommen.
„Wie war es in Mekka?" fragten die Enkel. „Ich muß erst nach Mekka", sagte der Alte. „Du warst nicht in Mekka? Wo warst du denn?" fragten die Enkel, die immerhin das Ticket erlegt hatten. „Doch, mein Kopf und mein Bauch, die waren im Flugzeug und waren auch in Mekka. Aber jetzt muß ich wirklich hin. Auf Pilgerschaft. Ich war noch nicht wirklich dort. Der Geist geht zu Fuß!"

Aber in aller Ruhe. Aber über die Wiesen. Aber eine ganze Weile. Aber ohne sich schlau vorzukommen dabei, weil die anderen, die Blöden, mit den Boliden vorbeitschundern.
Setz dich in die Kirche. Denk mal nach, was das denn so Wichtiges sein könnte, das die Welt so beutelt. Wenn deine Uhr zu laut tickt, steck sie in die Tasche. Die Turmuhr – hörst du –, die ist das, die so ächzt und stöhnend die Zeit weiterzuzerren versucht. Die Viertelstunde kündet sich an, da ist allerhand Gerassel und Gezischel, abwärts fallende Gewichte, oder was kann das denn sein – trrrr – zzigg-guuhhhhh . . . und dann: die Glocke.
Mußt aber allein sein in der Kirche. Riecht noch nach kalt gewordenem Wachs und Rauch. Nach Blumen. Grünzeug. Die Zeit ächzt zögerlich weiter. Keine Fliege summt noch in der kühlen Kirche. Die Auferstehung geschah auch ohne Gesumse und ohne Lärm.
Und dann gehst du wieder ein Haus weiter. Muß noch nicht nach Hause sein. Das Nachhausegehen sollte man manchmal etwas hinauszögern. Wenn man sich auf etwas zu freuen hat. Wenn man etwas in sich hineinzugrübeln hat.
Ein Haus weiter. Nicht gleich nach Haus.

3. April 1988

Jetzt hat er Urlaub

Jetzt hat er Urlaub. Er sitzt auf einem Berg oder an einem See oder auf einer einsamen Insel in Griechenland. Ich hab' alles hinter mir gelassen, denkt er. Und freut sich über die Telephonverbindung, die ihm doch, im Fall der Fälle, erlaubt . . . Sie verstehen?!
Er hat die drei Bücher mitgenommen in seinem Gepäck, die drei Bücher, die er endlich einmal lesen müßte. Die er schon lange einmal lesen wollte. Worauf er sich schon so lange Zeit freute. Aber nie die Zeit fand, weil . . . Sie verstehen.
Sonst ist in seinem Urlaubsgepäck viel Sonnenöl. Und allerhand ungemein helle Hosen, sandfarbene Schuhe, bunte Hemderln, tollkühne Shawls und der eine g'wisse Blazer, für die g'wisse eine Gelegenheit, man kann nie wissen, wer vielleicht . . . und dann muß man ja. Mindestens zwei Koffer. Ja. Und eine Tasche. Und die drei Bücher.
Und?
Und nun ist er allein. Oder, er ist nicht allein, sondern alle die, die er seine „Lieben" nennt, hat er mitgenommen. Die „Schließlichhabeichfrauundkinder" sind da. Die ihm als Entschuldigung für so vieles dienen, wovon er morgens, wenn er sich in seinem alltäglichen Rasierspiegel begegnet, ganz genau weiß, daß da auch heute wieder ein paar Sachen auf ihn warten, die eigentlich etwas von ihm verlangen würden, was er schon lange auf dem Altar des „Sachzwangs" geopfert hat. Nämlich Begeisterung. Nämlich sogar Zivilcourage. Nämlich einfach Freude an dem, was er tagtäglich so macht. Schließlichhabeichfrauundkinder stehen hinter ihm und schauen auch in den Spiegel, oder sie sitzen auf dem Waschbecken wie die Schwalben im lehmigen Nest. Und halten die Schnäbel auf. Und sind ihm – so sagt er sich, so muß er sich's ja sagen, damit er nicht

speibt, wenn er sich so im Spiegel begegnet –, und sind ihm freudiger Anlaß oder bitterliche Ursach' für alles das, was er tagtäglich tut. Oder was er mit seinem Begeisterungs- und Überzeugungsdefizit alles *nicht* tut. Was er unterläßt. Noch schlimmer: was er verhindert. Oder – und jetzt rücken die Schwälbchen schon ganz eng und traurig zusammen und bekommen einen besonders notleidenden Ausdruck um die Schnäbel, damit der Papa doch bitte vor sich selbst bestehen kann –, oder was er an sinnlos Argem, was er an hilfreich Boshaftem anstellt. Fördert. Veranlaßt. Damit er sich morgens nicht auslachen muß im Spiegel, damit er sich nicht allzu sehr verachten muß, wenn er, wie der mieselsüchtige Zug um seine Mundwinkel, längst abgefahren ist und Tag für Tag weiterfährt. Dafür braucht er „Schließlichhabeichfrauundkinder".
Jetzt hat er Urlaub.
Seine drei Endlicheinmalmöchteichodermüßteich-Bücher liegen dekorativ auf dem Nachttisch. Eines hat ein paar Sonnenmilchflecken. Auf den ersten Seiten. Dann hat er offensichtlich aufgehört zu lesen. Denn der Sohn hatte sich eine Illustrierte besorgt. Und die Mama las auch was Farbiges und hatte immer wieder die rührenden Fragen nach dem germanischen Wurfspeer oder dem Seitenfluß des Amur oder sonst was Kreuzwortintensivem gestellt . . . da muß man doch die Vorherrschaft des männlichen Geistes unter Beweis stellen.
„Wozu habt's ihr Männer denn das schwerere Gehirn, Papa??!" hatte die Tochter raunzend gefragt.
Also mußte man sein Gehirngewicht unter Beweis stellen. Und auch sonst überprüfen, was in der wesentlichen Lektüre des Sohnes zu finden war. Und man mußte . . . ach, es gab so viel *nicht* zu tun . . .
Denken muß er auch. Er liegt halb, halb sitzt er an irgend etwas Weiches gelehnt, sieht den kleinen Schweißbächen zu, die von seinem Hals den Weg über seine schütter be-

haarte Brust zu den ersten Vorfalten des Bauchmittelgebirges finden. Da sammeln sie sich zu einem kleinen See aus Schweiß. Jeder Atemzug des halb Sitzenden, halb Liegenden, jeder Atemzug läßt den kleinen Schweißsee steigen und wieder sinken. Zitternd halten sich die Schweißtropfen auf seinem Bauch. „Ora et labora", denkt er. „Von der Stirne heiß", denkt er. Und dann muß er an seine Schule denken und an den Deutschlehrer, der ihm immer Schlimmes prophezeit hatte . . . und siehe da, Herr Professor, Sie haben sich geirrt!! So denkt der Mann. Denn hier liege ich, mache Urlaub, kann mir das leisten, habe meine Schließlichhabeichfrauundkinder dabei. Die liegen mir zwar gewaltig auf der Tasche und auch in den Ohren . . . ja, stimmt. Aber leisten kann ich mir auch das. Zu Hause wartet das Amt auf mich. Wartet der Schreibtisch. Wartet die kleine Macht, die mir so griffig in der Hand liegt und die ich so gerne größer hätte. Zu Hause ruht alles in meinem Arbeitsbereich, solange ich auf Urlaub weile. Denn meine Abwesenheit hat sich unterdes schon tatsächlich zu einem Weilen außerhalb stilisiert. Sie brauchen mich. Gewisse Unterschriften, gewisse Rückfragen . . . die muß schon ich selber . . . Sollte mal einer wagen, mir in meine Kompetenzen, sollte mal einer . . . Ppphh!
Er denkt. Denn er ist in Urlaub. Er denkt an das Gute im Menschen. An das man mehr. Und das man viel zu wenig. Ideale . . . solche Worte winden sich plötzlich durch seinen Kopf. Wie schön, daß der Urlaub wie ein langer, langer Feierabend ist. Da darf man sich solche Gedanken, darf man sich da. Ja, tatsächlich, so ein altmodisches Wort wie „Ideale" kommt in seinen Kopf. Denn er liest zu Hause jeden Morgen den Kalenderspruch des Tages, der oft von Goethe, manchmal aber auch von Hölderlin oder Lichtenberg ist. Dann ist er aber schwer verständlich. Auch Romy Schneider hat einmal einen Kalenderspruch gehabt, das Leben betreffend oder so. Ob sie den wohl alleine verfaßt

hat? Oder ob da ein Ghostwriter? Gibt es Ghostwriter für Kalender?
Aber das ist ein gemeiner Gedanke, denkt der Mann. Eben habe ich noch „Ideale" gedacht, schon traue ich Romy nicht einen einzigen Kalenderspruch zu. Außerdem ist das auch so ein abwertender Begriff, Kalenderspruch, denkt der Mann. Das sind Lebensweisheiten, sind das. Jawohl. Und warum soll man nicht auch aus einem Kalender ein bißchen Kraft schöpfen dürfen, ehe man jeden Morgen an sein schweres Tagewerk geht. Schließlichhabeichfrauundkinder.
Der Schweiß ist weitergelaufen. Jetzt versickert er in der Badehose. Ich halte nichts von Nacktbaden, denkt der Mann. Otto sagt auch, Nacktbaden – bitte! Okay, okay, aber doch nicht mit der Familie. Man muß ja schließlich seine Grenzen kennen. Man muß Grenzen einhalten. Alles was recht ist. Und überhaupt . . .
Ich müßte wieder mal Klavier spielen, denkt der Mann. Eigentlich habe ich ja Pianist werden wollen. Ja. Und die Klavierlehrerin hat mir damals durchaus Hoffnungen gemacht. Aber dann mußte ich Geld verdienen. Ja. Das war damals nicht so leicht. Das heißt, eigentlich *wollte* ich ja Geld verdienen. Ich fand, das wäre einfach männlicher als Klavier. Und dann war da auch die Mizzi. Die hatte nur in der Schule ein bißchen Blockflöte . . . Sonst nie was mit Musik zu tun gehabt. Die wollte immer, daß ich Tango spiele. Pianisten spielen keine Tangos. Das hat sie nie verstanden. Also habe ich Geld verdient, und wir hatten dann sehr bald diesen Motorroller. Da habe ich daheim noch Bilder davon. Und dann eben die Erniedrigungen der ersten Jahre. Was ich alles hab' machen müssen. Und auch gemacht hab'. Na klar. Schließlichhatteicheinefrau. Und ein Kind war auch unterwegs . . . nein, stimmt nicht, damals noch nicht. Manchmal hab' ich für einen was erledigen können in der Abteilung – und der hat mir dann was

extra. In einer Zeitung. Diskret. Mein Gott – das waren die Anfänge. Später haben wir das dann schon etwas eleganter gelöst. Großzügiger, sozusagen. Ja. Wozu gibt's schließlich . . . aber nein, so was soll man nicht einmal denken. Der Kavalier genießt und schweigt. Und heute hab' ich das Haus. Und den Swimming- ja, den Pool. Wegen der . . . genau! Schließlichhabeichfrauundkinder. Warum soll ich nicht auch? Die anderen verdienen durch mich – indirekt, eh klar – so viel, warum dann nicht auch ich, indem ich?!

Aber das Klavier . . . das sollte ich wirklich. Was hat der Deutschprofessor damals gesagt? „Du begeisterst dich nie, Peter! Wenn du weiter so auf Nummer Sicher gehst, wirst du hinter einem Schreibtisch landen. Der wird dich nicht freuen."

Blödsinn! Er freut mich, mein Tisch. Ich kann immer wieder was verhindern. Oder ermöglichen. Wenn für mich dabei was . . .

24. Juli 1983

Solche Hühner waren das

Es soll Leute geben – doch, das Gerücht geht –, Leute, die noch wissen, wie ein Huhn geschmeckt hat. Hier ist nicht vom Backhuhn die Rede, denn das Backhuhn hat wahrscheinlich immer so geschmeckt, wie Marcel Proust oder Celeste, seine Haushälterin, das treffend ausgedrückt haben: „plumeau cuit en panade", gekochtes Federbett in Panade, die zu Wien und in den umliegenden Kronländern „Panier" gerufen wird.
Nein, aber wirklich eßbare Hühner! Seien es nun junge Brathendln oder auch sorgfältig im Ofen gebratene, gewendete, begossene, gefüllte, knusprig aufgetragene Poularden . . . Oder sei es ein Suppenhuhn gewesen, weiß und hellgelb, langsam in gewürzter Brühe vor sich hin köchelnd . . . Das alles soll einmal geschmeckt haben, so zart und so unvergleichbar und so wunderbar, daß es eben einmal, einst, *das* Festtagsgericht war, gleichbedeutend mit Wohlseinlassen, Schlemmerlust, Geburtstag, Familientisch, Ausnahmezustand, ein Umdentischherumsitzen, auf dem so ein Huhn, so ein Frikassee, so ein . . . Ach, vielerlei Begeisterndes machte man aus diesen Hühnern, das ging in die Anekdoten der Familie und der Hausfreunde ein. Weißt du noch, als wir dieses gefüllte Huhn mit . . .
Solche Hühner waren das.
Und die soll es einmal gegeben haben. Es hat sie gegeben.
Gaumenzeugen berichten glaubhaft davon.
Leute, die je solche richtigen Hühner gegessen haben, die werden traurig, wenn sie heutzutage das Wort Huhn auch nur lesen, sei's auf einer Speisekarte, sei's in der Auslage eines Ladens.
Und solche Leute essen heutzutage keine Hühner mehr. Die essen im besten Falle Rindfleisch. Oder sie wurden Vegetarier oder sonst was Trauriges.

Und diese Abstinenz bei Menschen, die das besser gekannt haben, was ihnen heute als ebenbürtig oder gar noch als garantiert vervollkommnet angedreht werden soll, die ist verständlich. Mindestens das.

Das muß nun aber nicht etwa greisenhafte Schwärmerei von früheren Zeiten sein, die einen enthaltsam werden lassen könnte. Es geht ja nicht nur um Hühner. Es gibt noch Wichtigeres als Poularden, und seien die auch mit einer Farce aus Hühnerleber, Schinken, Petersil, Milchweckerln, Ei, Schalotten und Estragon samt einem Schuß besseren Weinbrandes gefüllt gewesen. Es gibt Wichtigeres!

Und Nachprüfbareres!

Was eine politische Partei einmal gewesen sein kann: nämlich der Zusammenschluß von Menschen, die in der Welt, in der sie nun einmal leben müssen, einiges bewirken wollen; das Zusammenwirken sehr verschiedener und verschiedenartiger Menschen, die Interessen dieser Zeitgenossen in Einklang zu bringen mit dem, was existiert – und mit dem, was offenbar noch fehlt, was einfach notwendig erscheint, was kommen muß, was der Bürger sich erkämpft, was der Arbeiter sich später erobert und für sich durchgesetzt hat. Das (und das, was sich daraus ergeben mag) zu formulieren, wachzuhalten, immer wieder dafür sich stark zu machen – kann das nicht Aufgabe einer politischen Partei sein? Haben nicht Menschen, Bürger einer Gemeinde, einer Stadt, eines Landes sich unter solchen Vorzeichen zusammengetan, um als Gruppe mehr zu erreichen, als ihnen das als einzelner möglich gewesen wäre?

Und nun setzen sie sich durch. Und nun gewinnen sie Sitz und Stimme. Und nun bestimmen sie mit. Und nun haben sie Macht und können erreichen und bewirken, was ihnen wesentlich erscheint. Und nun haben sie Zulauf, selbstverständlich. Je mehr Sitze und je mehr Stimmen und je mehr Glanz des Erfolges mit ihnen verbunden sind, desto hur-

tiger, desto prompter, desto vorbehaltloser läuft man ihnen zu – und manchmal auch nach, von allen Seiten.
Na gut.
Aber dann wird die Macht eine tägliche Macht. Aber dann setzt sie Fett an und wird selbstverständlich. Dann beginnt sie, sich zu vererben auf Nichten und Neffen. Und das müssen gar keine wirklichen Nichten und Neffen sein. Dann wissen die Mächtigen schon so gut, wie's geht und was die Unterschiede sind zwischen dem, was man verkündet, und dem, wozu einen „die Umstände leider zwingen . . ." Dann liest man in den eigenen Programmen erst wieder nach, wenn die Aufrufe vor jeder Wahl, vor jeder Entscheidungsschlacht neu zu formulieren sind. Dann muß man sich wohl oder übel daran erinnern, was da eigentlich einmal gewesen ist, wie das denn eigentlich angefangen hat, bevor man in all die Ämter eingezogen ist, in denen man heute das Sagen hat . .
Und die Formulierungen, die dann gefunden werden, die dann zitiert werden, mit deren Hilfe wieder einmal definiert wird, was einen denn eigentlich dazu treibt, sich so und nicht anders für den Mitbürger einzusetzen; das Grundsätzliche, das, was beabsichtigt war und was beabsichtigt zu sein wiederum beteuert wird: das liest sich gut. Das ginge einem ja ein. Dazu könnte man „ja" sagen. Da hat man ja auch schon öfter „ja" gesagt.
Nur . . . nur fällt einem dann auf, daß eine Menge ausgespart wurde. Daß ganz konkrete Sorgen und Ängste und dringende Fragen, die vor einem halben Jahr noch die Gemeinde bewegt haben, oder die Stadt, oder das ganze Land vielleicht sogar, daß die auf einmal nimmer da sind. Nimmer da zu sein scheinen. Einmütig wird geschwiegen. Und wenn man sich noch so sehr zu mißtrauen scheint, wenn noch so sehr dem Gegner am Zeug geflickt wird – diese Punkte, diese Fragen, das, was neulich noch so beunruhigte, wird ausgespart!

Selten, ach, ganz selten einmal taucht drüben, hinterm Zaun einer auf der anderen Seite auf und kräht: „Aber halt einmal, da war doch noch . . ." Kommt aber gar nicht dazu, auszusprechen, was denn da noch war, denn schon wird er zurückgerissen von den eigenen Mannen, niedergezischt, zur Ruhe gebracht. Und auf beiden Seiten, in beiden Schützengräben, von denen die jeweilige Truppe behauptet, sie seien sehr, aber schon sehr tief und absolut unüberwindlich, und da führe kein Weg daran vorbei – und über dem Rand beider Schützengräben taucht jeweils blitzschnell ein weißes oder biergelbes oder weinrotes Fähnchen auf und wird ein bissel geschwenkt, derart signalisierend: Irrtum! Das war alles nicht so gemeint. Wir halten uns an die . . .
Ja, woran eigentlich?
Und da kann es dann natürlich geschehen, daß sich die Leute, die heute keine Hühner mehr essen, weil sie sich erinnern, wie Hühner einmal schmecken konnten, was bei der Ernährung und Aufzucht einmal alles *nicht* möglich oder gar erlaubt war – da kann es dann geschehen, daß sich diese Genußspechte daran erinnern, daß eigentlich auch bei anderen Sachen eine andere Absicht dahinterstand. Daß eine Partei *für* den Bürger, *mit* dem Staatsbürger arbeiten wollte – und nicht *trotz* dem Bürger, *anstelle* des Bürgers.
Da erinnern sich die Leute, die noch wissen, wie die Hühner einmal geschmeckt haben, daß in diesen Parteien, aber ach, die Mitarbeit des Bürgers selbstverständlich war. Und dann wissen die auch noch, daß diese Mitarbeit auch erwünscht war. Nicht nur im Sinne des „Da, mach – und halt die Goschen"; aufmerksame, wache, kritische Mitarbeit hätte das sein sollen.
Da erinnern sich die Leute, die noch vom Geschmack der Hühner wissen, daß man ihnen gesagt hat, sie müßten halt dazukommen und dabeisein, um von innen her mitbestim-

men zu können, wohin die Reise zu gehen hätte. Und dann erinnern sie sich, wie die Macht mächtig macht und eben: fett. Und wie ihnen einmal, als sie den eigenen Freunden zu unruhig, zu nachdenklich vorgekommen waren, wie ihnen da ein Stück Kuchen angeboten wurde. Machtkuchen. Wer so kritisch sei, der solle Verantwortung mittragen, hieß das, und es solle sein Schaden nicht sein, hieß es auch . . .
Daran erinnern sich die Leute, die heute keine Hühner mehr essen.
Und *daß* sie sich erinnern, daß sie plötzlich wieder wissen, daß da noch einmal was war . . . daß sie plötzlich noch einmal über die Dinge, die auf einmal nicht mehr erwähnt werden, reden wollen, genau über diese Sachen, um die es so leise wurde – und die in ihrem Dorf, in ihrer Stadt aber ganz lebenswichtig sind, das zeigt: Alles haben sie noch nicht vergessen. Die machen den Mund auf und die sagen: *Nein.* Und sie sagen: *Nicht so!* Sondern . . .!
Und da erschrecken die Leute, die die fetten Hühner ihrer Macht essen. Und sie wundern sich. Und sie begreifen ganz wenig, und dabei ist das doch gar nicht schwer zu begreifen.
Wenn man will, daß die Leute wieder Hühner essen, dann müssen die Hühner wieder besser schmecken.

9. Oktober 1982

Was nicht im Polizeibericht stand

Was nicht im Polizeibericht stand:
"Da hat sich amoi a kloana Bua in an Regnschiam vasteckt der im Schirmstända gloant is. Auf oamoi is a Mo kuma dem wos der Schiam ghört hat und is damit in d'Stadt ganga. Dem Buam iss a bissl unheimlich worn und er hat se grad ausdenkt ob er net obn rausschbringa kannt, da hats a s'Renga ogfangt und wia dea Mo sein Schiam aufgschbannt hat, hat si da Bua grad no an de Stangerl ohoitn kenna. Aba wias s'Renga aufghört hat, war dea Bua nimma da. (Im Bolizeiberichd is blos g'stand: Buavaschwund.)"
Das ist von Philipp Arp, dem wunderbaren Bayern, dem meine verehrende Zuneigung gilt.
In Wien hatte ein Räuber beschlossen, ein wenig in einer Post zu rauben. Zu diesem Zweck kaufte er sich den bekannten, allgemein üblichen Raubershut, nämlich eine Wollmütze. Eine schwarze, wegen der Gefährlichkeit.
Der Räuber betrat eine kleine Post, kurz vorm Mittagessen der Postbeamten. Er hatte richtig überlegt. Knapp vor Mittag werden die Beamten meistens so kurz angebunden und grundsätzlich, daß sich schon um Viertel vor zwölfe kein gelernter Bürger mehr in ein Amt hineintraut.
Der Räuber war allein.
Er zeigte seine Pistole her, wies auf die Gefährlichkeit derselben hin, bat, man möge ihm ersparen, dieselbe in Betrieb nehmen zu müssen, forderte die Beamten auf, trotz Mittagspause sich aneinander zu fesseln sowie sich auf den Boden zu legen, um ihn nicht weiter am Raube zu hindern.
Der Amtsvorstand, offensichtlich nicht einverstanden mit der Vorgangsweise des Mützenräubers, betätigte mit dem rechten Vorderfuße die hiezu am Boden angebrachte Alarmtaste und folgte dann den Anweisungen des Räubers.

Die Alarmtaste löste in einem nicht allzu weit entfernten Wachzimmer der großstädtischen Polizei einen genau so vorgesehenen Alarm aus. Zwei Herren bestiegen daraufhin ihr Fahrzeug und begaben sich nicht allzu freudig in das Postamt, von dem aus der Alarm gezündet worden war. Die Alarmanlagen der Postämter und der zahllosen, an allen Ecken und Enden wuchernden Bankfilialen sind heutzutage so ausgelegt, daß sie gleichzeitig als Trainingsprogramm der großstädtischen Polizei anzusehen sind. Die im Dienste des Bürgers in den oft überheizten Wachzimmern hart werkenden oder auch in keineswegs luxuriösen Automobilen umherstreifenden Sicherheitsorgane haben, namentlich winters, wenn der kalte Wind durch die Straßen der zu sichernden Stadt bläst, eindeutig zu wenig Bewegung. Sie stehen entweder und behüten allerhand Botschaften vor den Unmutsäußerungen oft eben der Bürger, die diese Botschaften zu vertreten vorgeben – das ist eine Tätigkeit, die Nierenentzündungen und Senkfüße nach sich ziehen kann –, oder aber, sie fahren einher. Oder aber, sie sind zu bitterem Warten in warmen Stuben verdammt. All das macht oft runder und umfangreicher, als es den Herren lieb wäre.
Dies zu unterbrechen, scheint sich nun die Alarmanlagenindustrie mit der Polizeisportabteilung zusammengetan zu haben. Zahlreiche Fehlalarme machen die pflichteifrigen Beamten immer wieder ausrückend; die Herren haben immerhin den Weg vom Wachzimmer ins Automobil sowie den vom Automobil zum Schaltkasten des fehlalarmgebenden Objekts zurückzulegen. Das hält jung, das bewahrt die Spannkraft, das läßt Adrenalin in gehörigen Dosen einschießen.
Die fraglichen Herren stellten ihr Automobil ab und betraten das Postamt. Obwohl dort eigentlich hätte Mittagspause und also Ruhe herrschen sollen, trafen die beiden dennoch den einsamen Räuber an. Dieser forderte die beiden

Wächter auf, ihm ihre Waffen zu überlassen. Die Wächter entsprachen der Bitte des Räubers. Die Frage dieses Herrn, ob sie im Besitze von Handschellen seien, konnten sie stolz bejahen. Sie entsprachen innert kürzester Frist der nächsten Bitte des Wollbemützten, nämlich einander zu fesseln, und dann auch noch aneinander, und ebenfalls auf dem Boden Platz zu nehmen.

Ein zweites Fahrzeug der Polizei erschien. Ihm entstieg nur ein einzelner zum Trainings- und Fitneßeinsatz absolut entschlossener Mann und begab sich, obwohl für alle Beteiligten hätte Mittagspause sein sollen, in das alarmgebende Postamt. Sein Zweitmann, der ihm von Rechts wegen eigentlich zugestanden wäre und ihm auch Schützenhilfe hätte geben sollen, Deckung und Feuerschutz und so, dieser zweite Mann sicherte eben einen Schulweg, tat also Sinnvolles und war unabkömmlich. Auch dies übrigens eine jener mit allerhand Unbill und Frost verbundenen Aufgaben unserer Wachebeamten, denn der Gefahr des Überfahrenwerdens sowie dem Schnupfen sind sie gerade bei diesen unspektakulären Einsätzen in erhöhtem Maße ausgesetzt. Dennoch verrichten sie ohne Murren den Dienst.

Der einzelne Sicherheitswachebeamte sah sich im Postamte zunächst nur dem ebenfalls einzelnen Manne mit Wollmütze gegenüber, der ihn aber alsbald aufforderte, sich seiner Waffe zu entledigen sowie sich fesseln zu lassen. Der Wachebeamte, der ja lediglich in der Annahme vorbeigekommen war, einmal mehr einem Fehlalarm zu begegnen, befolgte natürlich die Anweisungen des Räubers. Hierbei bewies er Klugheit und Umsicht, gelang es doch dem Räuber, ihn unter Zuhilfenahme posteigenen Spagats zu fesseln, wogegen der Beamte nicht aufmüpfte, vielmehr ruhig – zunächst einmal – geschehen ließ, was nicht zu ändern schien.

Der Unhold wies ihn an, sich zu den anderen Gefesselten

auf den Boden zu legen; hierbei entdeckte der einzelne Beamte, daß er nicht allein bleiben mußte. Der Unhold widmete sich daraufhin dem Zweck seines Kommens, raffte die spärliche Barschaft des kleinen Postamtes zusammen, verschmähte auch keineswegs Rollen von Zehnschillingmünzen, nahm, was er vorfand, ehrte den einzelnen Schilling, packte ordentlich zusammen und ging dann, nicht ohne die Anwesenden zu bitten, ihm nicht durch vorzeitiges Melden die Fluchtmöglichkeiten zu nehmen.
Der Räuber, so die Vermutungen der Sicherheitskräfte, muß zu Fuß weggegangen sein und erst in einer abgelegenen Nebenstraße sein Fahrzeug bestiegen haben. Die etwa eine Stunde später oder so ausgelöste Großfahndung zeigte keinerlei Ergebnisse, es sei denn, man würde das Ausrückendmachen der Polizeischüler Wiens – die damit ihre straff geheizten Schulungsräume verlassen durften – oder das Entstehen und nach Stunden auch wieder fachmännisch geleitete Entwirren eines Verkehrschaos in Groß-Wien als Ergebnis werten.
Die Polizeiorgane reagierten ausgesprochen verbittert, und zwar nicht nur über das mangelnde Mitgefühl der Bevölkerung, sondern vor allem über die kaltblütige, generalstabsmäßig geplante Vorgangsweise des Unholdes. Dieser hatte tatsächlich sogar die *Mittagspause*, eine bei Ämtern sonst strikt eingehaltene Errungenschaft, mißbraucht und durch die ungewöhnliche Tatzeit sowie durch die von zahlreichen Fehlalarmen etwas abgestumpfte Einsatzwilligkeit der Sicherheitsorgane einen Überraschungserfolg erzielen können.
Hierdurch sei der Räuber, ist in eingeweihten Kreisen der städtischen Scharwache zu hören, von dem unausgesprochenen, aber üblicherweise angewandten Ehrenkodex städtischer Räuber abgegangen. Und zwar gleich in mehreren Punkten. Erstens sei es, wie gesagt, vollkommen unüblich, die soziale Errungenschaft der amtlichen Mittags-

pause dergestalt in die räuberischen Überlegungen einzuplanen. Zumal ja hierdurch auch den Beamten die ihnen zustehende Zeit der Rekreation genommen werde. Wenn ein Beamter schon einen Überfall, Beraubung seines Amtes, Fesselung und sogar Aneinanderfesselung hinnehmen müsse, schließlich auch noch gezwungen werde, sich wie ein Mäusl auf den Boden zu legen und dort ohne Mittagessen zu verharren – wenn das schon geschehe, so habe der Beamte ein Anrecht darauf, daß derlei in der Dienstzeit geschehe.

Zweitens aber gehe es nicht an, daß jetzt schon Einzelpersonen zwecks Raubes ausrückten beziehungsweise in Ämter eindrängen. Die Wache sei bei Überfällen dieser Art auf *mehrere* Räuber eingestellt, verhalte sich also kollegialer und irgendwie weniger behutsam oder alert, wenn sie sich einem einzelnen, wenn auch wollbemützten gegenübersehe. Diese Ballung von Kriegslisten habe den Beamten – im Verein mit den ununterbrochenen, fast nicht mehr zumutbaren Fehlalarmen – die Einsatzfreude und den Kampfwillen erheblich gelähmt. Nicht die Wache, vielmehr der Räuber habe sich nicht an das übliche Fair play gehalten. Außerdem rügt die Wache den unermeßlich steigenden An- und Ausbau von Bankfilialen an allen Ecken und Enden. Durch diese verwirrende Anzahl von Banken könne nicht mehr gewährleistet werden, daß die Wachen bei etwaigen Alarmeinsätzen diese Filialen auch fänden. Verzweifelt umherirrende Polizeifahrzeuge könnten andere Fahrzeuge leider auch noch behindern. Also – so die Wache – sollten fünfzig Prozent dieser Filialen aufgelassen werden.

Ein guter Vorschlag.

22. Februar 1981

Die Aproposzettel

„Machen Sie die Türe zu!!! Sie bringen mir den ganzen Donnerstag durcheinander! Türe zu!! Der Donnerstag! Verdammt noch einmal!!!"
Rief der erboste Herr. Oben auf einer Leiter stand er, unter die fleckige Decke gebückt, Zimmerdecke, versteht sich. Fleckig. Nicht so sehr, weil sie von Fliegen bespuckt worden, vielmehr fleckig, weil sie neu gepinselt, gefärbelt, getüncht, angehiaselt, *gemalt* war. Und was ein ehrenwerter Bauleiter ist anno '72, der scheucht den Maler schon heim, ehe dessen Werkmannsarbeit noch als Arbeit bezeichnet werden kann . . . Aber wieso kommen Sie denn schon wieder ins Tausendste, ehe sie noch recht ins Hundertste gemündet sind? Also, was nun hatte der schreiende Herr oben auf der Leiter zu tun, hoch an der Zimmerdecke, die, meinetwegen, nicht so ganz prima vom Fachmann getroffen worden war – hä?
Das hab' ich den Herrn, der auf der Leiter wohnte und über einen durcheinandergebrachten Donnerstag klagte, auch gefragt. Wie ist eines Menschen Donnerstag durcheinanderzubringen? Durch Durchzug? Nur weil eine Türe aufgeht?
„Ich ordne ihn gerade", sagte der Herr. „Es war ein ganz besonders fetter Tag, dieser Donnerstag. Ich hatte Glück. Oder Pech, das kommt ganz darauf an, wie Sie die Sache ansehen. Und die Ausbeute war üppig. Hier – sehen Sie nur!"
Und er hob mir, von oben auf seiner Leiter fachmännisch blinzelnd, zwei gerüttelte Handvoll Papier entgegen. Kleinpapier. Briefumschläge. Alte Briefe, die auf ihrer Rückseite noch einmal ein Krikelkrakel mit Blei-, Tinten- oder Kugelstift trugen. Kleine Notizblockzettel. Taschenkalenderseiten und einige der feierlichen, ganz besondere

Feinheit ausstrahlenden Notizpapiere, die oben einen farbigen Balken tragen, je nach Temperament des Zettelbenützers einen roten oder grünen, zartblauen, violetten oder gar gelben –, und in diesem Balken dann den vollen und gewiß doch gewichtigen Namen des Lordzettelbenützers prunkend stehen haben. So daß gleich jedermann weiß: Achtung, hier notiert der Boß. Dekret. Verordnung. Hinweis. Meinungsäußerung. Aide memoire.
Solches Papier also, vermischtes, kleineres wie größeres, war der Donnerstag.
„Ja, und wie soll ich dieses Papier verstehen? Was bedeutet es denn? Wieso ordnen Sie den Donnerstag – und das schon heute? Heute kann sich aus dem Donnerstag doch noch etwas entwickeln. Den können Sie doch nicht schon oben unter die Decke stapeln. Daraus wird doch vielleicht noch was." Sagte ich, der ich das Gute will und den Menschen daher gerne schlaue Ratschläge gebe.
„Daraus wird nichts!" sagte der Mann auf der Leiter, stopfte sich den Donnerstag in seine beiden Jackentaschen, wobei er fast die Leiter heruntergefallen wäre, fiel dann aber doch nicht, sondern kam. Immerhin herunter.
„Denn", sagte er, kaum daß er unten war, mir einen Stuhl in die Kniekehlen, sich einen etwas weiter oben untergeschoben hatte –, „denn – ich sammle nämlich. Ich bin Sammler. Ich lasse mir geben. Ich erbitte. Ich nehme auch ganz einfach. Ich lasse bisweilen – das zwar nur ungern, aber andererseits eben doch –, ich lasse bisweilen auch mitgehen."
„Was denn? Was denn nur?? Sie sprechen in Rätseln! Doch nicht etwa . . ."
„Doch! Etwa! Genau das, was Sie gesehen haben. Ich sammle Zettel."
„*Zettel??*"
Er strahlte. Er war richtiggehend mit Seligkeit angeschwappt von oben bis unten. Sie troff ihm aus den Äug-

lein. Sogar die kleinen Finger zuckten leise in geheimnisvollen Rhythmen, die allerlei bedeuten konnten, jedenfalls aber Freudiges, jedenfalls aber Erregendes.
„Jawohl, Zettel! Sind Sie denn noch nie mit einem Menschen in wichtigem, in brennendem Gespräch gesessen? Haben Sie denn noch nie mit diesem Menschen wesentliche Daten, Namen, Punkte, Einzelheiten, Hinweise ausgetauscht? Noch nie? Haben Sie noch nie gesehen, daß, während Sie sprachen, die Stirn, die Wangen, die Mundwinkel des Gegenübers sich anspannten? Sich runzelten? Vorsprangen und wieder zurückzuckten? Daß Ihnen da offensichtlich einer angestrengt und aufmerksam zuhörte? Und während dieser Aufmerksamkeit: schien sich da das Interesse des Zuhörenden nicht noch immer mehr zu steigern? Griff er dann, das eine oder andere ‚Jaja! Aha! Soso! Hmhm! Nur weiter! Jaaa?? Ich höre! Aaaber!!' ausstoßend – griff er sich da nicht eben so einen Zettel, einen Briefumschlag, ein Fuzerl irgendwas und notierte darauf groß Ihren Namen? Daneben einen Doppelpunkt von so doppelter Pünktigkeit, daß da nun freilich alles drin lag? Unterstrich er nicht diesen Ihren Namen auch noch einmal, zweimal gar, um dann noch die Stichworte hinzustechen, auf die es ihm in Zusammenhang mit diesem Gespräch und eben diesem so wichtigen Thema gerade ankam, wie? Das alles nie?
Oder: Trafen Sie denn noch nie einen Bold auf der Gasse, mit dem sich eine hurtige Zwiesprache ergab, hin, her, dann das obligate: ‚Aber – ruuufen wir uns doch an! Wir müsssen uns anrufen!!' Rufen mit sieben U, müssen mit fünf bis sechs S. Und dann: ‚Wie war doch gleich Ihre Nummer?' ‚Ich steh' im Telephonbuch', antworten Sie. ‚Neineineinnein – ich will Sie mir doch lieber – haben Sie mal vielleicht einen . . .' Ein Kugelhuber wechselt kurz den Besitzer, ein Freßzettel, ein alter Briefumschlag wird hervorgezerrt, die Nummer wird draufgemalt, der Name da-

neben, alles wird drei- bis viermal unterstrichen, als ob dadurch die Nummer sich irgendwie ändern, die Importanz tatsächlich in die Höhe hinaufgeschraubt würde, die sie zu erreichen vorgibt. Auf dem Briefumschlag stehen schon ganz andere Sachen. Etwa: Hemden abholen. Bei feineren Leuten: Hemden abholen lassen. Dann: Mizzi Geburtstag, Klammer auf: Blumen? Orchideen? Buch? Anzahlung Geschirrspülmaschine?

Weiters: Müller observieren! Abteilung 3, Mittwoch, siebzehn Uhr. Dann: Abendessen. Mit Sumperer!!! Drei Ausrufezeichen. Eine Telephonnummer daneben. Und mit einem anderen Stift, Blei, daneben eine Klammer, und in derselben steht: *Aber wo???* Darauf nun kommt Ihre Telephonnummer. Und alles verschwindet, zerwuzelt und strapaziert, in der Busentasche.

Vor allem aber eben: die Bürozettel. Die Gesprächszettel. Die Aproposzettel. Die Wichtigkeitszettel, Die Dasdarfichabernichtvergessenzettel. Die Momentnochmalbittezettel. Die Dasschreibichmirliebergleichhieraufzettel. Das sind die schönsten. Die lustigsten. Die fettesten. Denn davon gibt's viele. Die werden fast jungfräulich in irgendeinen Papierkorb gestürzt. Da klappert's nur so von Scherben, von ungewaschenem Geschirr, von unerledigter Dringlichkeit. Kaum ist der wichtige Gesprächspartner draußen, landet der Zettel bei starken Naturen gleich im Papierkorb; bei schwächeren, noch etwas mit Skrupel, sprich gutem Willen behafteten, kommt er erst einmal in eine Mappe: Zu erledigen. Donnerstag. Und bei den ganz seltenen Vögeln, denen, die's zu nix bringen, oder denen, die's wirklich zu was bringen, bei denen wird's auch erledigt. Das sind die ganz seltenen Zettel. Von denen gibt's wenige. Die werden hoch bezahlt.

Aber die anderen sind schon auch eine rechte Freude. Schauen Sie nur. Ein einziges Jahr. Und nur mein kleiner Bekanntenkreis. Alles Aufgeschriebene, Vorgenommene,

Versprochene. Wichtiges. Unaufschiebbares. Alles unerledigt."

„Aber", sagte der Herr, und er bekam ein satanisches Glitzern in den Augen – „aber ich – sammle die Zettel!!"

21. Mai 1972

Die Dame ist aus Plastik

Eine ziemlich widerliche Grausamkeit wird dem Menschen im allgemeinen nachgesagt. Nicht, was seine Haustiere anbelangt. Hund und Kätzlein haben es gut beim Menschen, sofern sie nur – willst du wohl, du Schlimmer – ordentlich folgen.
Nein, die Grausamkeit richtet sich gegen den Menschen. Den Mitmenschen. Genauer und deutlicher gezielt: gegen den unmittelbaren, ziemlich nahestehenden oder doch im engsten Umkreis lebenden Menschen. Gegen das Kind. Die Frau. Den Vater. Die Mutter. Die Schwiegermutter, sehr geehrte Herren. Den Chef. Den Angestellten. Den . . . Und so weiter. Wir wissen schon, wie's gemeint ist. Und daß das irgendwie zu stimmen scheint. Wir würden's wahrscheinlich lieber nicht gleich Grausamkeit nennen, nicht gleich so gewichtig, freilich nicht, aber das ändert leider an den Tatsachen nicht allzuviel. Denn es handelt sich natürlich um allerhand, und zwar wirkliche Grausamkeiten.
Nur haben wir uns dran gewöhnt. Aber aufregen – aufregen tun wir uns jedesmal aufs neue. Aber wie! Da funktioniert die sogenannte Gewöhnung nicht.
Vor allem dann nicht, wenn wir die Betroffenen sind. Wenn sich's gegen uns richtet, was an Gemeinheit so freigemacht wurde. Dann sind wir weit weg von jeder Gewöhnung. Dann tut's uns weh. Dann schlucken wir essigsauer. Dann kommt's uns hoch. Dann ballen wir die Fäuste. Dann würden wir am liebsten . . .
Wie wär's mit Auswandern?
Nach Japan zum Beispiel. In Japan kann man zum Beispiel . . .
„Hören Sie mir bloß auf mit Japan! Die *Japaner!!* Die kennt man doch! Gnadenlose Burschen. Schon die kleinen Kinder werden in den Schulen zu erbarmungslosen Kon-

kurrenten erzogen, da läßt keiner den anderen in Latein ein bissel abschreiben, vielmehr . . . hören S' mir mit den grausamen Japanern auf, den unbarmherzigen . . ."
So der Volksmund des Auswanderers. Des auswanderungswilligen Einheimischen. Er weiß, wie es in der Welt zugeht. Er weiß, wo die Härten härter und auch, wo die Gemüter gemütlicher sind. Und deshalb . . .
Bei Japan könnte der Auswanderungswillige sich täuschen. Der Japaner ist fortschrittlich. Er lernt schnell, der Japaner. Wo die Dinge sich im Grundsätzlichen nicht verändern lassen (Der Mensch ist halt des Menschen Feind, was soll man da machen?), da ersinnt er sich wenigstens so eine Art Therapie.
Und die geht so:
Kaum hat die japanische Ehefrau einmal nicht freundlich lächelnd dem Herrn ihres Hausstandes mit geziemender Unterwürfigkeit den leicht angewärmten – oder auch vorgekühlten, je nach Jahreszeit – Kimono gereicht, sondern im absolut fließendem Japanisch, eh klar, gemufft: Hol dir doch den Fetzen selber, herrschsüchtiger Lümmel, despotischer; kaum kommt so was über die Lippen der – zugegeben in dieser Weise absolut unüblich aufbegehrenden – Frau Gattin in Kyoto: na, da aber!! Da geht's rund. Da stürmt der Herr Gatte aber spornstreichs ins Nebenzimmer, und dort *haut* er der Gnädigen aber eins um die Ohren, was heißt eins, zwei und drei haut er ihr da und dort in die Konstruktion, und tobt und wütet und schäumt und rast, ein prächtiges Bild ungehemmter männlicher Wut! Das geht nicht lang, aber wo denn. Das geht nur so lang, bis die Gattin weinerlich und natürlich mit der gehörigen Unterwürfigkeit fleht: „Vergib mir bitte, schlag mich nicht, vergib mir bitte, schlag mich nicht!"
Wenn er aber dann immer noch weiterwütet, der frustrierte Herr Gemahl, wenn er immer noch tobt und schäumt, was macht die Dame dann? Sie winselt: „Vergib mir bit-

te, schlag mich nicht! Vergib mir bitte, schlag mich nicht!"
Das ist alles. Mehr jammert sie nicht. Immer nur das. Da vergeht einem ja die rechte Wut. Da mag man ja gar nimmer so richtig aus voller Kehle und aus bebendem Bizeps. Aber wo! Wenn die immer bloß „Vergib mir bitte, schlag mich nicht!" heult.
Dabei ist das schon das Luxusmodell.
Die einfachere Frau sagt überhaupt nur: „Vergib mir bitte, vergib mir bitte, vergib mir bitte . . ."
Die Dame ist aus Plastik. Sie trägt den Lieblingskimono der echten Gattin, sie hat, wenn es sich um ein Halbfertigmodell, sozusagen eine Maßfrau handelt, auch die absolut gleiche Frisur wie die echte Dame. Aus dem etwas starren, kräftigen Haar der Japanerinnen, das hierzulande die Damenperücken aus solchem Haar etwas fremdartig wirken läßt; dort aber, in Kyoto, ist das alles absolut angebracht. Die Plastikfrau hat zur Abwendung des Donnerwetters einen dieser hübschen kleinen, in diesem Fall stoßfest gelagerten Kassettenrecorder eingebaut, die mit nur leicht verzerrten Quäklauten die Bitte um Vergebung vorzutragen imstande sind. Besonders liebenswürdige – oder auch listige – Ehefrauen (das können Sie sich nun aussuchen, wofür Sie eine Dame halten, die zu solcher entäußernden Großzügigkeit imstande ist), besonders hingebungsvolle Frauen schenken ihren Wüterichen Kassetten, auf denen die Stimme der Gemahlin, die eigene, unverfälscht eigene, im persönlichen, wohlvertrauten Diskant jammernde Frau gespeichert ist. Das stachelt natürlich den Rachedurst des Wüterichs einerseits in ungeahnte Höhen und Tiefen, andererseits aber ist die Katharsis eine um so wirksamere. Das Einsehen und auch das Mitleid des Grausamen mögen früher einsetzen, wenn er die wirkliche Ehefrau aus dem geprügelten Plastikleib der Puppe ächzen hört.
Das geht natürlich nur beim Luxusmodell, daß man da so

einfach die Kassetten auswechseln kann. Das einfachere Modell hat die Kassette mit einem – bzw. beim GL-Modell – mit zwei unwiderruflich fixierten Sätzen eingeschweißt. Etwa in Plastikhalshöhe.
Das Feinere war schon immer etwas teurer.
Grausamkeit, Rachsucht, Verzweiflung richten sich natürlich auch in Japan keineswegs nur gegen die Frau Gattin. Auch der Herr Gemahl kann in pflegeleichtem Plastik, garantiert umweltfreundlich, bestellt werden. Nur empfiehlt es sich, bei den archaischen Vorstellungen des japanischen Ehegatten von Begriffen wie „Gehorsam", „Herr im Haus" oder auch ganz schlicht „Gebieter", die Puppe des Hausherrn erst nach dessen Aufbruch in Richtung Arbeitsplatz aus dem Besenkammerl hervorzuholen. Aber dann! Dann mag sich auch die sehr geehrte Gattin über den Gebieter hermachen, daß die Fetzen fliegen.
Nein – die fliegen eben *nicht!* Weil es sehr stabile Puppen sind. Höchstens der Winteranzug des Ehemannes von vor sieben Jahren, den sie der Puppe angezogen hat, mag etwas mottenfroh sein. Dann kann's natürlich stauben . . .
Stabil müssen die Puppen schon deswegen sein, weil man auch Polizisten in voller Montur kaufen kann. Ja, sogar Polizistinnen! Denen kann man auch die Meinung sagen, und man erfährt von ihnen in gepflegtem, absolut polizeiüblichem Dialekt der jeweiligen Gegend, daß man natürlich vollkommen im Recht sei und die erhobenen und womöglich mittels Strafzettel deponierten Beschuldigungen mit dem Ausdruck allergrößten Bedauerns selbstverständlich zurückgenommen würden. Solche Puppen müssen schon deswegen besonders stabil sein, weil mittlerweile viele Firmen in Tokio, um ein gutes Betriebsklima allerweil besorgt, Polizistinnen in der Nähe des Angestellteneingangs postieren. Bei der Parkplatznot in Tokio höchst angebracht. Und für die Firmen natürlich auch billiger, als etwa einen Firmenparkplatz anzulegen. Eine Plastikdame

in Uniform kräftig allerhand zu heißen und sie dabei auch noch nachdrücklich watschen zu dürfen – das bringt erleichterte, entstreßte Mitarbeiter an den Arbeitsplatz.
Nein! Abbilder des sehr verehrten Herrn Firmenchefs, des Herrn Direktors, werden in den Firmen noch nicht aufgestellt. Das könnte zu Mißverständnissen führen. Wer würde denn auch an der Gerechtigkeit des eigenen Vorgesetzten zweifeln, wer denn wohl? Man *kann* sich Vorgesetzte kaufen; sie sind etwas teurer, weil sie feierlich angezogen sein müssen, wie in Japan üblich. Aber man muß sie daheim aufstellen. Im Besenkammerl. Oder in der Garage, da mag er warten, der Herr Chef, bis auch mit ihm abgerechnet wird. Und er wird sich gepflegt entschuldigen. Sonst – wehe ihm!

4. September 1988

Der Besserwisser

Natürlich hat sie's eilig, die liebe Frau Bussinger. Zwei Menschen warten auf sie zu wesentlichen Gesprächen. Allerhand Fragen müssen gelöst oder doch mindestens auf den richtigen Weg gebracht werden. Also hurtig, also „Gemma!" Frau Bussinger hat keine Zeit zu verlieren. Sie ist sogar pünktlich, sie ist gar kein bißchen zu spät.
Bloß erhebt sich jetzt das Problem des Parkplatzes. Die Bussinger kurvt um einen kleinen, eher gepflegten Platz, umrundet den behutsam, will durch allzu hastiges Drauflosfahren bloß keine bestehende oder gar bloß keine gerade im Entstehen begriffene Parkplatzlücke übersehen. Könnte ja einer rücklings eben raussetzen wollen, könnte ja einer.
Die Bussinger umrundet. Aber vergeblich. Bloß . . . halt, da vorne – keine Angst, das wird keine Parkplatzgeschichte –, bloß, wie gesagt, da vorne scheint an einem Eck des Platzes eine Möglichkeit, sich einschlängeln zu können. Weil die Frau Bussinger eben ein recht kleines, erheblich wendiges Fahrzeug steuert. Ja, jaaa . . . das scheint zu gehen, wiewohl ganz an der nach links abbiegenden Kurve. Aber sooo ein kleines Automobilchen, das müßte doch da noch, da könnte wohl niemand etwas dagegen haben, da werde ich mich doch behutsam und ganz elegant hinquetschen, denkt sich die Frau Bussinger unter ihren brünetten Locken. Und sie tut's. Und sie schiebt, einmal vor, einmal zurück. Und sie landet. Und sie quetscht. Und sie steigt aus und geht um ihr putziges Auto herum und überprüft, ob auch niemandem Schaden erwüchse, wenn sie, die Bussinger, hier lagerte. Nein, scheint alles in Ordnung, auch ein größeres Mobil, selbst ein Müllwagen kann da noch um die Ecke. Kein Problem und alles paletti.
Aber . . .! Hier tritt der Besserwisser auf den Plan. Ja!!

Aber der Kontrollor! Aber der Kommentator! Aber der Einmischer. Aber der Überprüfer. Der weiß, wie's geht. Oder doch, wie's zu gehen hätte, wenn Gesetz und Ordnung und vor allem der Magen des Einmischers recht behalten sollen, der Magen, der ihm säuerlich hochkommt. Und zwar mit schöner Regelmäßigkeit.
„Halt, halt, halt!" ruft der Kontrollor, als Frau Bussinger eben glücklich von ihrem Kleinmobil wegstrebt und im Haus gegenüber verschwinden will, in dem die zwei Menschen, Damen wie die Bussinger, zu notwendigem Gespräch schon warten.
„Halt, halt, halt, liebe Frau, *so* geht dös neet!!" murfelt der Einmischer und spornstreichs, daß es nur so staubt, aus einem unauffälligen Eck, in dem er sich gelangweilt und schlechthin gegrämt hat, heraus und auf Frau Bussingers geparkte Unerheblichkeit zu.
„Da dürfen S' doch net – weil da kann ja dann nimmer – und überhaupt, wissen S' denn net, daß ma daa . . . ??!!"
Frau Bussinger stutzt. Fragt nach. Was denn etwa das Begehr des Mitmischers sei. Ob er denn irgendeinen persönlichen Schaden erleide, den sie, die Bussinger, ihm eben zugefügt habe, ohne das zu ahnen?
Auf so was reagiert ein Besserwisser nicht einmal. *Ihm* einen Schaden zufügen . . .?! Na, da würde er aber noch ganz anders aus der Hütte springen und die Fangzähne freilegen.
Sondern:
Ihm geht es um das Grundsätzliche!
Der Kontrollor wünscht, daß ordnungsgemäß vorgegangen wird. Der Einmischer sorgt sich um die Vorschrift oder das, was er dafür hält. Er steht im Schwimmbad und sagt, während ihm der Gummi die Wampe erheblich einengt: „Dös dirfn S' net!" Oder er sagt auch: „*Da* dürfen S' net einihupfn. G'sprungen wird da drüben! Ham S' mi g'hört? Ja?!" Er selber würde nie einen Sprung ins Wasser riskie-

ren. Das ist auch nicht sein Problem. Ihn ärgert der Sprung, den andere wagen. Und er achtet darauf, daß, „verdammtnoamoieini", *so* gesprungen wird und *da* gesprungen wird, wo er meint, daß es seine Richtigkeit habe. Der Mitmischer steht mit seinem Hund auf der Gasse und achtet darauf, daß der in Ruhe seine Wurst ins Gelände placieren kann. Eilige Passanten ärgern den Kontrollor. Weil sie das Hunderl beim Koten stören könnten. Kinder, die durch den Park tollen, weil sie noch nicht den Zweck des Mitkontrollierenmüssens im Bauch haben, spielende Kinder stören das Hunderl, das gegebenenfalls von der Größe eines Kalbes ist, bei der Endphase seiner Verdauung. Das Wieserl ist fürs Hunderl da.
Die Straßenbahn, euphemistisch der „Verkehrsbetrieb" genannt – wiewohl sie, heutzutage zwar heftig verwaltet und beworben, höchst langsam, selten, zögerlich verkehrt –, dennoch: sie eignet sich für die Arbeit des Besserwissers. Nein, nicht der Kontrollor mit Dienstkapperl wird hier erwähnt, wiewohl auch der . . . na, lassen wir das. Sondern der inoffizielle Kontrollor. Wieso steigt da vorne ein junges Mädel ein und zwickt nicht ihr Billett im geschickt weit hinten, geschickt halbversteckten Zwickautomaten? Hat die einen Ausweis? *Was* für einen Ausweis? Warum hat sie den nicht vorgezeigt, den Ausweis? Ist das überhaupt eine Wienerin? Eine Innsbruckerin? Eine Salzburgerin? Wiewohl dort nur der Obus sowie der Busbus fahren, aber Inländer ist auch dort Inländer. Eine ausländische Fahrerin – na, da muß der Einmischer aber gehörig seines Amtes walten. Jetzt setzt die sich auch noch hin. Und hat einen verdächtigen Teint, einen dunklen. Auf diesem Platz, auf dem die Fahrgästin ohne sichtbaren Fahrausweis sitzt, könnte über kurz oder lang eine blonde Mutter mit Mutterkreuz, will sagen: Kinderwagen, Platz nehmen wollen. Das *könnte* geschehen. Also muß der Mitmischer mitmischen und sich einbringen.

Er steht unentschlossen nahe bei der Kasse der Großgreißlerei, die sich tollkühn Supermarkt nennt – wobei super bloß die Enge, die Unübersichtlichkeit und die schwach besetzten Kassen sind ... Da steht er, weiß nicht so recht, ob er nicht vielleicht doch noch was kaufen soll – und siehe da, in der Schlange vor der Kasse paßt ihm was nicht. Er muß mischen. Er muß seinen Senf murfelnd und anklagend herausdrücken. Ganz rot wird er vor lauter Drücken. Der Kontrollor, der Besserwisser, der Einmischer, der Kommentator des Ebengeradegeschehens ist ein wichtiger Mann. Er hält das nationale Magengeschwür am Leben. Er ärgert sich für uns alle. Er nimmt sich Zeit und lustvolle Kraft, um sein „Hö, hö, hö – so geht dös aber neeet ..." zu verkünden. Er steht an der Tankstelle und hupt, wenn der vor ihm Tankende das Benzin nicht schneller zum Gluckern bringt. Er schielt in der Post über den Rücken des Einzahlers und moniert die undeutliche Schrift. Er sagt dem Zeitungsverkäufer an der Kreuzung, daß er von einem, der so schlampert daherkomme, keine Zeitung kaufe – obwohl er schon dringend nach den neuen Unzukömmlichkeiten giert, die ihm sein Leibblatt süffig liefert.
Der Zeitungsverkäufer steht außerdem auf der falschen Seite der Straße. Und überhaupt.
„Und überhaupt" ist schlichtweg die Maxime des Einmischers. Er keppelt quer über die Straße hin. Er ermahnt und rüffelt. Er säuert sich ein, daß es weithin muffig riecht, wo immer er das Maul aufmacht. Und er *macht* es auf. Leider.
Weil er nämlich selten was verändern und zum Besseren vorantreiben will. Er ist das Beharrungsprinzip in Person. Er wacht darüber, daß alles so bleibt, wie er gewöhnt ist, sich drüber zu ärgern. Er will bleiben, was er ist. Das Magengeschwür der Nation. Das will er pflegen. Das will er huzeln. Darüber wacht er. Da läßt er nix dazwischen kommen.

Weithin schallt sein Ruf übers Land und über die Gasse: Na hören S', Sie da – He, Sie da – ja, schaun S' mi net so an – da können S' net parken. Gehen. Sitzen. Stehen. Atmen. Sein. Passendes ist einzusetzen.

14. Februar 1993

Verkäuflich ist ein alter Kraftwagen

Wo ist das Zentrum der Stadt? Was ist das Wichtigste in Wien? Wo kommen alle irgendwann vorbei, und zwar so bald wie möglich und so oft, wie's nur geht? Und: die Wohlhabenden, die, die sich was leisten können im Leben, die was übrig haben für den kleinen Überfluß?
Die Oper! Es muß die Oper sein! Die Wiener brauchen ihre Oper. Wenn sie schon nicht selber hingehen, so bringen sie doch ihre Gäste, ihre Geschäftsfreunde aus aller Welt dorthin. Die Oper muß die Mitte sein. Also müssen wir in die Nähe der Oper. Da kommen sie alle vorbei.
Ungefähr so müssen die Gedanken eines Menschen gewesen sein, der später am Abend mit einem Kleistertopf und ein paar hektographierten Zetteln, Papierbögen eigentlich, unweit der Oper anzutreffen war. Ja, auf dem Ring, die Häuser entlang, da, wo die Fußgänger gehen könnten, aber nicht gehen. Den Ring wird entlang*gefahren* – und zwar in eine Richtung, und das möglichst schnell.
Das weiß der mit dem Kleistertopf nur bedingt. Er ist nicht von hier, er sieht die Oper, da strahlt sie, und gewiß tönt es wunderschön, wenn man drin sitzen kann.
Er taucht den Pinsel ein und leimt die Wand und leimt seinen DIN-A4-Bogen und pappt ihn dann an das Haus schräg gegenüber der Oper. Und jetzt hat alles seine Richtigkeit.
Was steht auf dem kleinen Plakat?
„Spezialität.
Verkäuflich ist ein alter Kraftwagen, was ist *Velorex*-Cabriolet vom Typus. Dieses Auto ist in 1966 bei der tschechoslowakischen Autoindustrie hergestellen. Das Auto hat originale verkehrerische Erlaubnis, Registriernummer und technische Prüfung bis 1992, und natürlich seine Tätigkeit vollkommen ist.

Sonstige Charakterzüge sind: Man kann das Dach, was ist Plane, ausöffnen.
Drei Rad.
Sein Gerüst ist mit Leder bedecklich. / Zwei Sitzenplatz. 350 cm^3.
Das Getriebe hat 2 Trakt. / Kettenfeuerzeug.
Ich werde Ihnen dieser Kraftwagen an Anhänger austransportieren und die Bedienung für Autos lehren."
Punktum.
Mehr steht nicht auf dem Mauerinserat. Aber eine Photographie ist drauf, doch, allerdings mitsamt dem Text hektographiert, wie gesagt, aber das macht fast gar nichts. Das Velorex-Cabriolet ist zu sehen, samt dem Besitzer.
Beide haben ein imponierendes Äußeres. Das Cabriolet kommt wie ein überdimensionaler Beiwagen daher, oder auch wie ein ganz kleiner Zeppelin. Es will natürlich die Stromlinie erreichen – wägän Luftwiderstand, ist doch klar –, aber wie der Zeppelin schafft es die vorderen üppigen Rundungen bloß in Segmenten. Ein bissel Halbrund, und noch ein bissel Halbrund, und noch eins, Stück für Stück aneinandergefügt, gibt so eine segmentierte Zigarre. Darüber dann das Verdeck („was ist Plane") und ein kühnes Rad, das unterm Zeppelin hervorlugt und die Welt zu erobern trachtet.
Der Besitzer, dessen vollen Namen ich mir andächtig auf ein Zettelchen notierte, auch die Adresse habe ich, der Besitzer hat sich ganz nach Art des Velorex gekleidet. Auch sein Gerüst ist mit Leder bedecklich. Er hat artige Breeches, wie sie früher die Polizisten für feinere Gelegenheiten trugen, aber auch die Flieger, wenn sie des Nachts mit der Post über die Länder kurvten. Ja, seltsamerweise die Flieger hatten solche unten geknöpfelten Reithosen an. Und natürlich die Haube, die eng anliegende Lederhaube, über'n ganzen Kopf gezogen, wegen Luftwiderstand, eh klar, ja?

Ein Mann wie ein Cabriolet. Mit Leder bedecklich. Und diese zärtlich-stolze Hand, die auf dem Dach des Gefährten ruht, des Kraftwagens, was ist Velorex. Die rechte Hand hat er dem Cabriolet sozusagen um die Schulter gelegt. Und die linke stützt sich kokett in die Hüfte. Ja, der Hüftstütz ist bei photographierten Herrenfahrern eine weit verbreitete Haltung.

350 cm^3 ist kein Düsentriebwerk, nein, und daß das Getriebe zwei Trakt hat, ist doch auch irgendwie verständlich. Der Motor ist wohl gemeint, der braucht die zwei Takte, mögen sie denn auch als Trakte dastehen. Es ist billig, sich über die Fehler zu mokieren, die einer in einer ihm fremden Sprache macht. Man kann lächeln drüber, na meinetwegen, aber würde ich mein Cabriolet in tschechisch oder slowakisch oder ungarisch verkaufen müssen, ich stünde ganz schön blöd da. Samt Wörterbuch.

Andererseits: Wenn der Besitzer dessen, was ist Velorex vom Typus, doch ein Wörterbuch in der Dorfbibliothek ausgeborgt haben sollte – wie kommt er auf das Kettenfeuerzeug? Handelt es sich dabei um eine Sonderausstattung? Was hat eine Kette mit einem Feuerzeug zu tun? Hat man an einer Kette zu zerren – und schon kann man sich eine Zigarette anzünden? Oder handelt es sich gar um ein Ketten*fahr*zeug? Käme also auf Raupen daher, wie ein Panzer? Nein, eigentlich nicht, das Photo spricht dagegen. Sollte das ganze Cabriolet von einer Kette angetrieben werden, wie ein Fahrrad oder ein älteres Motorrad? Das könnte die Lösung sein. Aber spuckt es Feuer bei hurtelnder Fahrt? Ist man gefährdet? Muß der Feuerlöscher griffbereit liegen, wenn die 350 cm^3 aufheulen? Wer will das wissen?

Jedenfalls hat sich der in Leder Geschnürte jenseits der Grenze gedacht: Da drüben, in der Nähe der Oper, gehen sie hin und her, die Luxusmenschen, die schon alles haben, schnelle Limousinen mit getönten Scheiben und klimatisiertem Handschuhfach, sechzehn Ventile oder vierundzwanzig und zehnmal soviel Kubikzentimeter . . . Diese Menschen wollen in ihrem Überfluß aber nicht auf die Lust des Kaufens verzichten. Nein, sie wollen dann wenigstens Originelles anhäufen. Alte Automobile zum Beispiel, blitzende, deren Originalseitenspiegel sie ein Jahr lang hechelnd nachzujagen imstande sind, verchromte Auspuffrohre, Kühlerfiguren aus dem Jahr 1923 . . . Das müßten doch Menschen sein, die ihre Schuppen auch mit meinem Cabriolet anräumen könnten. Wer alles hat, will immer noch was. Warum nicht ein Kraftfahrzeug, was ist Velorex Cabriolet vom Typus, drei Rad, man kann das Dach, was ist Plane, ausöffnen. Und das Gerüst ist mit Leder bedecklich.

In der Nähe der Oper müssen sich die kreuzen, die so was brauchen.

17. Februar 1991

WUNDER IN ROT UND RUND

DIE DAME SAH IRGENDWIE EIN BISSCHEN LÄCHERLICH AUS. Auf Plakaten, auf Pin-up-Photos, also gut, mag ja sein, da ist so was gang und gäbe, da wird derlei hergezeigt und *so* hergezeigt. Aber hier, im Mehr-oder-weniger-Stehcafé, in dem die Arbeiter, die Tischler, die Elektriker, die Perückenmacher vorbeischauen, um wieder und immer einmal wieder ein paar schwarze Tropfen zu süffeln? Aber hier???
Da stand sie. An die Blechbudel gelehnt; in einem roten – was heißt roten? In einem knall-, aber schon explosionsknallroten Kleid. Wie sie *da* reingekommen war, gehörte gewiß zu den ungelösten Rätseln der Physik. Davon gibt's ja viele, die Welt ist voll davon, und erst das Weltall. Da haben noch ein paar Generationen dran zu kiefeln.
Jedoch das knallrote Wunder der physikalischen Gesetzmäßigkeiten: *Wie* war diese nachdrücklich Blonde in dieses Kleid gekommen? Einerseits schien's ihr wohl irgendwie zu passen, oder es war so gedacht, wie es sich präsentierte. Andererseits aber war's ihr doch mindestens um drei Nummern zu klein. Also mindestens. Zu eng auf jeden Fall.
Meine Herren, die *steckte* da aber auch drin! Das modellierte und formte, das folgte den von Mutter Natur eigenhändig und daher gewiß verschwenderisch gerundeten Kurven, weichen Hügeln und zärtlichen Tälern der rückwärtigen Seite des irgendwie *zu* prächtigen Prachtmodells. Und alles schien in den nächsten Minuten doch wohl zu platzen. Doch. Das konnte nicht sehr lange so zusammenhalten, Wunder der Physik hin, Mutter Natur her. Alles hat schließlich seine Grenzen!
Das Stehcafé war das Kantinenstehcafé eines großen Filmstudios. Cinecittà, Rom. Da läßt man sich nicht so leicht aus der Ruhe bringen durch ein Wunder der Physik. Andererseits . . . na ja, andererseits ist man auch in Cinecittà

Mensch. *Und* Italiener. Und wenn man sich auch nicht wirklich aus der Ruhe bringen läßt: ein bissel wie eine angenehme Beunruhigung, die muß schon drin sein dürfen. Doch doch.
Da stand sie. Da lehnte sie. Da rieb sie verschlafen mit dem einen Fuß den Knöchel des anderen. Beide hübschen Füße staken in hohen, *hohen*, das Bein und den Fuß angenehm formenden Stöckelschuhen. Irgendwie war das ganze rote, pralle Wunder ein wenig verschlafen. Eine blonde, rotverpackte Verschlafenheit. Aber das gehörte wohl dazu.
Da mußte man eben als Wecker tätig werden. Dachte sich der Beleuchter ganz offensichtlich, der da eben von der Kasse kam, mit seinem Zetterl in der Hand, für das er an der Budel seinen Kaffee bekommen würde. Er stand zwei Meter hinter der Erotikbombe. Das heißt: er blieb stehen. Nein, nicht wie angewurzelt, wie's in den Büchern immer so schön heißt. (Wieso eigentlich nicht *ein*gewurzelt?? Was heißt schon *an*gewurzelt? Sind das Luftwurzeln, die die in den Büchern meinen? Oder wie?)
Er blieb nicht wie angewurzelt und so weiter, der Beleuchter. Er blieb einfach stehen. Interessiert. Das wird man doch wohl noch dürfen. Oder? Er blickte kurz auf seinen Kassenzettel, wie um sich in Erinnerung zu rufen, was er denn nun eigentlich bezahlt hatte und gleich zu bestellen haben würde. Ah ja, Mineralwasser. Und einen Espresso. Alles klar.
Aber dann eben – Himmelfix noch einmal, das war aber schon *ziemlich* gut gerundet. Das wölbte sich einem ja geradezu entgegen. Und jetzt – also, bitte, übertreib doch nicht, Mädel –, jetzt wechselte das Kind das Standbein, knickte mit dem einen ein, nur wenig, und dadurch nun schwang der Hügel, der rotverpackte, prall und für so eine Vormittagsstunde sehr, aber schon *sehr* weiblich-verführsam; schwang durch diese Knickbewegung des Standbeines zum anderen hin, schwang und wogte, rundete, wölb-

te, hügelte, als tauchte ein Delphin in Zeitlupe aus einem Meer von halbgeschlagenem Obers – also *bitte!!*
Der Beleuchter nahm seinen Kassenzettel in die andere Hand. In die linke. Die rechte ließ er an sich entlangbaumeln. Aber – du mußt hinsehen, du mußt dir Zeit lassen, dann kannst du so was auch wirklich beobachten, dann erlebst du die verblüffendsten kleinen Augenblicke eines Vormittags, doch!! –, aber: diese am kräftigen Arm baumelnde Hand, die blieb nicht untätig. Die reagierte irgendwie automatisch. Da hatte der Beleuchter selber gar nix dazuzutun. Nein, die Hand wußte ganz allein, was die Natur da forderte und einfach befahl! Sie formte sich, die Hand des Beleuchters. Ja, sie wurde ein Nest. Die Finger bogen sich zögernd, fast unmerklich, zu einem liebenswürdigen Gewölbe. Ein Körbchen. Ja. Da sollte irgendwas eingepackt werden. Da mußte doch was Nettes gelagert werden, in diesem kleinen Korb, zu dem die Männerhand wurde. Reflexe, Reflexe! Ganz von Mutter Natur hilfreich programmierte Reflexe. Und prompt. Aber promptissime!
Und die zwei Schritte, die noch zur Budel fehlten? Neben das Wunder aus Rot und Rund? Die tat der Beleuchter jetzt. Ganz wenig verlangsamt, aber immerhin.
Und die Hand? Und der Korb? Und der Hügel? Und das Tal des Rückenansatzes? Und . . .?
Die Hand kam, das Körbchen kam – und legte sich wie nebenbei, spielerisch, nur so, um sich abzustützen . . .
Legte sich auf die pralle, lederne, zugegeben: *weich*lederne Umhängetasche eines zweiten Beleuchters, der ebenfalls lehnte, seinen Espresso süffelte. Die Hand, das Körberl – *mußte* einfach wo hin. Und – nun ja, was hätte das für Komplikationen mit sich gebracht, nach sich gezogen, wäre sie wirklich auf Rot und Rund gelandet? Möglicherweise hätte er da eine kleinere Vormittags-auf-den-Mittag-hin-Watsche gefangen. Und was wäre dann mit seinem Anse-

hen gewesen – bei den Kollegen? Den Herren Mitbeleuchtern und so?!
Andererseits aber: Wenn sich nun der Hügel, der Doppelhügel, wohlig im Korb der heranschwebenden Männerhand zurechtgemümmelt hätte? Wenn's dem da ganz recht und vortrefflich gewesen wäre, dem Doppelhügel? Was dann?
Das Glück seiner Ehe? Der Aufschrei seiner hungrigen Kinder? Die Komplikationen der späten, zu späten abendlichen Heimkunft?! Mamma mia!!
Aber so einfach konnte die herannahende Hand ja nun auch nicht einfach wieder rückgängig machen, was Mutter Natur so mildtätig eingeleitet hatte. Konnte sie einfach nicht, die Hand.
Und ob es jetzt der Beleuchter wußte, ob's ihm bewußt war und wurde oder auch nicht: seine Hand hatte sich auf die Reise begeben und *mußte* irgendwo landen. Ja!
Und so hatte der Mann das rote, gerundete prachtvolle Geschenk der Natur oder Wunder der Physik in Herz und Bauch und Kopf; seine Hand aber, von allen Gegebenheiten des Lebens zutiefst gezähmt und domestiziert, die Hand, ach, zu so einem deutlichen Korb geformt – landete auf der Lederumhängetasche des sehr geehrten Kollegen.
Und lag da. Erschrocken. Enttäuscht wohl auch. Aber immerhin lag sie. Und hatte weiches Leder unter den Fingern. Und . . . Und so weiter.
Das sind so die kleinen Freuden des Beobachters. Wie vom Turm des Flugplatzes aus. Das langsame Einschweben. Das Näher und Näher. Und dann brav geworden, vernünftig verkrümmt, Richtungsänderung. Schwebt ein bissel weiter links. Ist auch eine Landung. Muß ja eine Landung sein. Doch, doch. Sonst geht ja der Brennstoff aus. Aber eben eine ganz andere Landung. Auf dem Radar stimmt alles. Ist gelandet. Ruht. Aber welch ein Unterschied!
Und das Wunder der Physik? Weiß von alledem nix. Trinkt

aus. Dreht sich. Schlägt die Augen auf. Schlägt die Augen nieder. Ich bin ein Kind. Was habt ihr bloß, ihr Männer ihr? Eine weiche Welle aus Rot und Rund und Tal und Hügel schwingt sich hinaus. Trippelstöckeltrappeltrippel. Alles in Ordnung. Jeder geht an seine Arbeit. Das Wunder in Rot vermutlich ins Studio, wo sie einen verruchten Spot um einen verruchten Autoreifen drehen. Regenreifen. Schleudert nie. Hält die Spur. Alles in Ordnung.
Nur die Augen – die werden doch noch offen sein dürfen. Am Vormittag. So gegen halb elf.

23. Juli 1989

Muskelkleinkunst

Wenn in der Kunst Gewalt und böse Brutalität vorkommen sollen, dann sind die Künstler entweder selber ganz brutale, böse Bolde, denen böse Brutalität eben einfach im Blut, in der Feder, im Pinsel, im Hirn, wer weiß wo noch steckt, je nachdem, was die Künstler halt so künsteln.
Wenn es sich aber um theatralische, vor allem um filmische Kunst handelt, dann erschallen, sobald Bosheit, Brutalität und so weiter notwendigerweise dargestellt werden müssen, erstens die Rufe der Leute, die gegen Brutalität schlechthin sind – und die haben natürlich recht, na klar; und zweitens – weil man ja zwar gegen was sein kann, es aber trotzdem gemacht und hergestellt werden muß –, zweitens erschallt der Ruf nach den Stuntmen.
Die Stuntmen sind gewiefte Herren, die vorgeben, es vorzüglich zu verstehen, Härte, gefährliche Aktionen, Schlägereien, Prügelszenen und Boxschlagabtäusche darzustellen. Und das so, daß es zwar atemberaubend auszusehen hat, in Wirklichkeit aber ganz harmlos ist.
Das weiß man. Jede Zeitung hat oft schon bewundernde Interviews mit diesen unerschrockenen Männern der Muskelkleinkunst gebracht. Auch das Fernsehen, das sich ihrer öfter bedienen muß, nahm sich der Schlag- und Prügelbolzen immer wieder in Bild und Ton an.
Ich kenne einige Herren, die lauthals verkünden, wie sehr sie doch gegen die Brutalität in Film und Funk seien und was sie alles dagegen zu tun empföhlen. Es ist immer schwer, gegen die Aussagen von Männern was zu sagen, die den Gemeinplatz weihevoll verkünden. Es ist eben einfach schön, wenn einer sagt, er sei gegen den Krieg. Und gegen den Alkohol. Und gegen das Nikotin. Und für den Männergesang a cappella zu viert, wie ihn Michael Haydn erfunden hat, und für das häufigere Lesen von Musil

Robert. Und für die Toleranz der Jugend gegenüber, und dies sogar trotz manchmal recht langer Haare, jawohl! Und so weiter.

Es ist schön, wenn einer für das Gute im Menschen ist. Nur – wenn der dann bei jeder Gelegenheit, die ihn den Beweis führen ließe, ob er's wohl ernst meinte, was er da herausröhrte oder predigte oder säuselte: wenn der dann bei jeder Gelegenheit in seiner persönlichen Einflußsphäre die allergemeinste Gemeinheit, die allerfeigste Feigheit (die nennt sich dann Menschenvernunft und Realitätssinn), die allerschofelste Hinterfotzigkeit an den Tag legt – ach, dann hab ich's noch lieber, wenn die Brutalität mit „Ufff!" und „Arrgghh!" und „Wammmm!" gemimt wird, als mit Krawatte und auch im pflegeleichten Freizeitanzug tatsächlich begangen. Nämlich: hinterm Schreibtisch. Am Telephon.

Ja, also, um von der Weltverbesserung abzukommen: die Stuntmen.

Das sind die, die wirklich nur so tun, als ob. Die reiben auf und hauen dann nicht wirklich zu. Die springen an und drücken niemandes Brustkasten oder Kinnlade ein.

Gestern habe ich zwei kennengelernt. Der eine war sogar Mister Universum. Oder vielleicht ist er's sogar noch. Der andere war das nicht. Dafür hatte der sich einen Tatarenbart wachsen lassen: also schmafu nach unten gezirkelt und bedrohlich in die Abgründe weisend. Und außerdem hatte er sich noch eine scharfe Glatze rasieren lassen. So sah er schon recht deutlich aus.

Aber – der Mister Universum!

Der stellte sich so vor:

Er kam, mit dem Tatarenbärtigen, Glatzerten, ins Produktionsbüro, denn man hatte nach Stuntmen gefahndet. Donnerte ein dröhnendes Klopf Klopf Peng an die Tür und kam auch schon herein, wiegenden, ausladenden Schrittes.

Der Glatzerte hinterher.
"Sie suchen Stuntmen", sagte er. "Ich bin Catcher und Stuntman. Das ist mein Kollege."
"Oh", sagte der Produktionsleiter entzückt. "Oh. Wie fein. Was können Sie denn?"
Der Gewaltige sah ihn blinzelnd aus kleinen, beweglichen Äuglein an; dann streifte er blitzschnell Sakko und Hemmet ab und sagte nur: "Ich kann zuerst einmal das."
"Das" war allerdings beeindruckend. Ein Brustkasten urweltlicher Ausmaße schoß weit in den Raum. Schultern wie rollende Floßhölzer. Bizepse wie die Osterbrote einer zwanzigköpfigen Familie. Ein Oberkörper, dem Wurzelstock einer zweihundertjährigen Eiche nicht unähnlich. Nur: alles rollte, schwoll an und ab, quoll hierhin und dahin, verschob sich, buckelte und vibrierte, denn der Gewaltige ließ spielen, was an ihm dran war, oder, wie die Bodybuilder sagen: er regalierte.
"Jaaa, fabelhaft. Wirklich. Und was . . .", ächzten die Filmleute beeindruckt, alles durchaus unbodyge, schmale Herren. "Und was können . . . ?"
"Ich bin Mister Universum", sagte das Paket. "Ich kann Ihnen alles. Ich nehme mein Kollege und schmeiß ihm. Ich hau ihm mit Kopf an die Wand. Ich reib ihm Ohren. Ich reiß ihm an Beine, ich wirf ihm auf Boden und fall auf ihm drauf – aber nur einmal . . ."
Der Glatzerte stand im Eckerl und nickte. Jedesmal nickte der selig, wenn aus dem Oberkörper eine neue Schilderung all der Unbill herausgesagt wurde, die ihm, dem tatarenbärtigen Glatzkopf, angetan werden sollte.
"Können Sie auch über einen Tisch fallen? Ich meine: im Kampf – über einen Tisch . . . ?" fragte der zuständige Mann, der es genau wissen wollte. Er *mußte* es genau wissen. So was, ein Fallen und Rutschen übern Tisch, kam im Drehbuch vor.
"Nicht so gern", sagte Mister Universum. Grollend sagte

er's. „Weil – mein Kollege ist bisserl begriffsstutzig. Der hat ja nicht meine Ausbildung. Sehr guter Mann, aber wirklich ein bisserl blöde. Und wenn ich *dem* schmeiße iber an Tisch . . . na, ich weiß nicht . . . na, sag selber?!" So Mister Universum zum glatzerten Tataren.
„Na ja", meinte der nur traurig – und sah dabei aber ganz fürchterlich bedrohlich aus.
„Ja, aber Sie selber . . . Sie könnten nicht . . .", fragten die Filmleute scheu.
„Ich??? Ich schmeiße. Ich falle nicht. Ich falle nur einmal. Höchstens. Ich bin Mister Universum. Ich schmeiße. Oder werfe." Sagte Mister Universum. Und zog sein Hemd, verächtlich auf die blasse Riege vor sich blickend, wieder an.
Später, im Studio, zog er es dann immer wieder aus, das Hemd. Denn im Studio gab es Photographen. Das hatte Mister Universum bald heraus. Er streifte immer wieder das Hemd ab, er zog immer wieder ein Fläschchen Sonnenöl aus der Hosentasche, ölte sich ein und „regalierte". Er schlug wie der Pfau sein Rad – nur hatte er eben statt der Federn diesen maßlosen Oberkörper. Zuweilen griff sich Mister Universum auch einen vorbeihastenden Menschen, hob ihn ohne Anlaß kurz und fast zärtlich hoch, ließ ihn wieder sinken, schnellte dem Erstaunten, Entsetzten den Bizeps entgegen. Wassermelonengroß hüpfte und holperte ihm der am Arm herum. Es war schon erstaunlich.
Auch wurde Mister Universum in dunklen Ecken des riesigen Ateliers gesehen, wie er einsam hinter abgestellten Kulissenteilen, zwischen Kabelrollen und Scheinwerferstativen stand und still vor sich hin regalierte. Er beugte sich vor. Er peitschte ruckartig nach hinten. Er riß immer wieder die Arme hinauf und winkelte sie ab. Er sah sich selber aufs aufgeregt hüpfende Zwerchfell, das er blitzschnell wie eine Waffe vorschnellen lassen und einziehen konnte.
Der Glatzerte saß derweil traurig in einem Faltstuhl und

wartete, daß er geschmissen würde. Oder gerissen. Oder gegen die Wand gerieben. Oder gar, was doch wirklich neu war für ihn, oder gar über den Tisch.
Es kam nicht dazu.
Mister Universum, beim zärtlichen Regalieren hinter einer besonders eng gebauten Dekoration, warf durch jähes Ausfahren der Schultermuskulatur einen Scheinwerfer um. Richtiger: ein Stativ. Dieses Stativ fiel dem Mister Universum auf den Fuß. Und brach ihm die große Zehe. Siebenmal!
Die Brutalität im Fernsehen konnte nicht stattfinden. In der großen Zehe war Mister Universum nämlich nicht trainiert.

21. Juni 1975

Die Ehre, die Ehre

Das war nicht in Palermo. Nein, gewiß nicht. Sizilien, ja, aber die Stadt war kleiner. Lärmend auch sie, lärmend von Ungeduld und Eile und dabei doch so verschlafen und träge ruhend in den späteren Mittagsstunden. Gela vielleicht? Agrigent?
Sizilien jedenfalls. Und vor wenigen Jahren, nicht so lange her, der Reisende erinnert es ganz gut. Weiß noch den Klang der Stadt am späten Abend. Und ihr Licht. Ihre Gerüche, vielfältig, verwirrend von süßlicher Betäubung, jäh in Ekel, ekelhaft übertriebenen Geruch nach Fäulnis und Verwesung umkippend.
Heiß, ja. Hitze natürlich. Das Zimmer in der Pension, mitten in der Stadt gelegen, zwar angenehm hoch. Steinboden, Fliesen, kompliziertes Schachbrett, vor anderthalb Jahrhunderten gelegt. Das kühlt die Füße. Aber der Reisende hatte vergessen, tagsüber die Läden zu schließen, altes Rezept der Sizilianer, aller Südländer, die Hitze gefälligst auszusperren. So hockte die Glut noch spät am Abend unter der hohen Decke des Zimmers, hatte sich selbst ins Eisen des ächzenden Bettes eingenistet, lastete im Waschbecken, in das nur ein träger Faden Wassers rinnen wollte.
Draußen schien ein wenig Kühle aufzukommen, nicht viel, aber doch so ein Luftzug. Also die hohen Fenster geöffnet, und ausgegangen, vielleicht noch eine Limonade zu trinken, die hier wirklich Limonade sein konnte, trübes, stark gesäuertes Zitronenwasser, mit einem Häufchen Puderzucker serviert sowie mit spärlichem Eis. Oder Mandelmilch, die die Sizilianer wie niemand anderer zubereiten. Die wirkliche Mandelmilch, allerdings, selten zu kaufen, aus geschabten, gemahlenen und dann gewässerten Mandeln, eingerührt nach einer Stunde in eisgekühlte Milch

oder auch bloß Wasser, manchmal mit Orangenblütenwasser versetzt, manchmal mit einem Stangerl schwarzer Vanille; süß, natürlich auch das, von fast arabischer Süße, ein rechtes Haremsgetränk, die wollüstigen Gaumen der trägen Damen zu erfreuen. Das geben sie dir hier in Sizilien, in kleinen Buden, wespendurchschwirrten Konditoreien, noblen, schattigen Kaffeehäusern, an Straßenecken, in grell gestrichenen hölzernen Kiosken. Da aber nicht aus frisch gemahlenen Mandeln; aus Flaschen da, mit trübem, bitterlich nach gesüßter Seife schmeckendem Sirup. Grauslich. Und wunderbar, weil . . .
Ja . . . weil was?
Elf Uhr nachts. Genug Kirchen, genug verschlafene Glocken, um das in ungehörigen Zeitabständen zu melden. Eine Viertelstunde lang schlägt es in Gela – oder Agrigent?
– elf Uhr nachts.
Ja, noch Verkehr. Autos suchen einander zu übertrumpfen. Die Herren haben sich, je jünger sie sich fühlen, desto unüberwindlicher auf ihre Motorräder geschwungen, Roller auch, grölen und hetzen knatternd und aufgeregt röhrend durch die Nacht, müssen ganz dringend um die nächste Straßenecke, verschwinden, bremsen da ab, kommen zurück, vielleicht ist da hinten doch noch ein besserer Weg, einer, der das Echo der hochtourigen Knatterbüchsen genüßlicher zurückwirft von den Hauswänden.
Da vorne ist ein Park. Nein, das ist übertrieben; eine kleine Ansammlung von Bäumen und staubigen Büschen. Beserlpark nennen sie das in Wien. Square in England. Ist dort aber weniger staubig, weil besprenkelt und bespritzt von städtischen Squarepflegern und -wässerern.
Kleiner Park also. Liegt da im Dunkel. Die Häuser ringsum dringen nicht durchs Laub der Eukalyptusbäume. Bloß ein bläuliches, weiß gleißendes Licht an einem der Mitte zugeordneten Teil des Parks. Grell, gemein das Licht. Zahnarztlicht, Wartesaallicht, aber auf Hauptbahnhöfen.

Und natürlich die Schmetterlinge, Nachtfalter, haufenweise. Man ist noch zu weit weg, um die taumelnden Falter wahrzunehmen, man weiß sie aber, du wirst sie gleich erleben, sie taumeln haufenweise um jedes Licht hier. Und dann auch noch in einem Park, und dann auch noch um so grelles Licht, wie es eigentlich nur die Fischer vorne an ihren Booten aushängen, um die neugierigen, todessüchtigen Fische anzuziehen.
Musik im Park. Wehmütige, schluchzend scheppernde Musik. Tango. Bandonion und, weil in Sizilien, schrill die Nacht anklagende Klarinetten, Trompeten, Saxophone. Den Schmerz in den Nachthimmel hinaufjaulend ... Welchen Schmerz? Allen. Jeden. Viel tut weh. Und die Einsamkeit. Und das Meer. Und die Liebe. Amore. Amore mio.
Staub auch im Park. Überm Kies hebt sich eine taumelnde, wabernde Wolke, wechselt manchmal ihren Standort, paar Meter weiter links, paar Meter tiefer hinter die Büsche. Das Licht – ja, woher kommt es, das Licht, das die Wolke so sichtbar macht, seitlich und von unten anstrahlt? Aus einer Jukebox, Musikbüchse, einem Automaten, wuchtig aufgequollen, mit allerhand Chrom und Messing aufgemotzt, wie der Kühler eines schweren amerikanischen Autos aus den Fünfzigern. Steht neben dem grün und gelb gestrichenen Kiosk, hinausgeschafft in den Park. Steht da auf dem Kies, leuchtet die Wolke aus Staub und Sand an. Dudelt seinen verzweifelten, schluchzenden, grellen Tango.
Und sie tanzen. Zwanzig Paare vielleicht. Im Kies des Parks, eng aneinander, umschlungene Hüften, zart gehaltene Hände. Schieben sich da hin und gleiten zurück. Ernsthafter Tanz das, kein Gelächter, kein Gekicher aufgeregter Mädchen, kein lautes Wort, nichts Indezentes. Ernsthafter Tanz, die Nähe des anderen fühlend, sich in den Tango einfädelnd, vor, langsam, schleifend, Sand und

Staub aufwirbelnd, zurück wieder im aufsteigenden Staub. Keiner sieht den anderen an, alle blicken in irgendeine sehnsüchtig vermutete Ferne, sehen am Gesicht des Tänzers vorbei, wollen nur die Musik und die langsame Bewegung. Zwanzig Paare, nachts, im Park in Gela, neben der Jukebox, im gemeinen Chirurgenlicht, aufgespießt vom Tango, umschwirrt von den hungrigen Nachtfaltern.
Alles Männer. Vierzig Männer. Oder achtunddreißig. In Anzügen. Ja, damals, vor ein paar Jahren, in gehörigen Anzügen. Krawatten. Ölig glänzend das krause, steife Haar. Brillantine. Ranzig und süßlich. Einander im Arm haltend. Ernsthaft. Tango.
Später dann, bei Aranciata und Limonata und Tropfen süßen Kaffees: Ja, Tanz *muß* sein. Nein. Mädchen nicht. Geht nicht. Die Mädchen werden zu Hause eingesperrt. Nie nachts auf der Straße. Kein Tanz. Eine Qual das. Anachronistisch. Wir leben hier wie im Iran. Jaa – bei euch! Manchmal – eine Touristin – aus eurem Land. Welche Freiheit! Wie müßt ihr glücklich sein! Tanzen, mit einem Mädchen, mit dem ihr auch sprechen könnt. Wir aber . . .
Und eure Schwestern? Warum ladet ihr nicht eure Schwestern ein? Ihr habt doch gewiß . . .
Was?? Unsere Schwestern? Mitten in der Nacht? Ausgehen? Und *tanzen?* Mit diesen Kerlen? Die würden sie ja zerreißen, wie wilde Tiere! No, Signore, meine Schwester kommt mir nicht hierher. Wir haben unsere Ehre. Wir sind ja nicht verrückt.
Die Nachtfalter suchen ihren Tod. Der Tango hat sich verwandelt in einen Slow. Die Aranciata ist ausgetrunken. Die Herren tanzen. Aneinander. Miteinander. Die harschen Sitten verfluchend. Aber die Ehre, die Ehre . . .

Sommer 1991

Menschen auf Reisen

Wenn die schwache, trübe Lampe an der Decke aufleuchtet, wenn die Schranktüre aufquietscht und ein Geruch wie aus einem Grab herauskommt – Naphthalin ist das nicht, das wäre ja noch wunderbar, nein, das ist der Mief aus ungelüftetem Holz, aus kaltem Rauch, der seit Monaten und Jahren aus den Lungen irgendwelcher Reisenden fuhr und sich ins Holz, in die Vorhänge, in den Teppich einzunisten wünschte –; wenn die Heizung leise poltert und beharrlich einer Drosselung widersteht, wenn die Hitze sich pelzig auf die Zunge und aufs Hirn des eben eingetretenen Menschen legt: dann ist es wieder einmal soweit: Aus einem Menschen ist ein Mensch auf Reisen geworden, aus einem Leut ein Reisender.

Reisen sei schön, heißt es allenthalben, und das ist wahrscheinlich eine Behauptung der Wirte und Karawansereiverwalter. Reisen *ist* schön. Reisen läßt die Leute plötzlich einmal zwischendrin atmen, an der Straßenecke stehenbleiben, Untergrundbahn fahren, Obst auf der Gasse essen – und dazu muß die Gasse nicht in Venedig liegen oder sonstwo in südfruchtiger Gegend.

Nur: es wohnt sich bedrückend, es frühstückt sich auf bedenklich niederem Kulturstandard. Jedenfalls im allgemeinen Europa, mit Ausnahme der Schweiz sowie zu Teilen auch Englands, beides bezeichnenderweise eigenartige, individualistisch gestärkte Länder, der Gleichmacherei und der staatlich geförderten Nivellierung eher abhold. Wiewohl auch dort die Sitten lockerer, der Tee dünner zu werden beginnen.

Menschen auf Reisen. Das sind schon andere Leute, was? Das strafft sich, kaum daß es den Aeroport betreten hat, und das sinkt schon wieder in sich zusammen, wenn es hört, daß der Aeroplan Verspätung haben wird.

Sie sind gehetzt. Immer. Jedenfalls aber so lange, bis sie in ihrem Transportmittel, Zug, Omnibus, Paketboot, Flugzeug sitzen. Sie hasten und hecheln, schleppen viel zu schwere Koffer oder lassen sie schleppen, taumeln herum, mit einem leise irren Blick, immer bereit, ausgebeutet zu werden, immer bereit, sich ausgebeutet zu fühlen. Sie verfehlen die Anschlüsse. Sie hocken mit Magengrimmen auf ihren ächzenden Koffern. Oder sie umkreisen sie, spähend und sichernd, denn in der Fremde gibt es viele Diebe, heißt es, während sie von wackeren, allgegenwärtigen, tüchtigen Polizisten und ihren großen, blitzenden Kanonen bewacht werden.
Menschen auf Reisen. Gehen über Straßen, die sie nicht kennen, die sie aber zu kennen glauben. Menschen auf Reisen sind immer wieder verwirrt, enttäuscht, entsetzt, wenn sie dahin kommen, wo sie schon einmal waren – oder auch öfter, oder auch lange – und nicht alles wieder und noch immer so ist, wie sie es gewöhnt waren, wie sie es kennen. Nein, eben: kannten. Menschen auf Reisen suchen dann plötzlich Häuser, Hausecken, Einbahnstraßen, die sie kannten. Suchen auch eines Tages irgendeine steile Straße, die zu irgendeiner Parkmauer hinführt, hinter der es bitter riecht, nach Laub und Herbst oder auch Winter und vor allem nach Spaziergängen und Zeit dazu. Und wenn sie dann diese eine kleine, steile Straße gefunden haben, mit dem pompösen Namen irgendeines italienischen Freiheitskämpfers oder auch südamerikanischen Präsidenten und gewiß auch Ehrenbürgers, sic transit . . ., dann suchen Menschen auf Reisen ein bestimmtes Haus, mit einem kleinen Turm und einem hölzernen Balkon und einem großen Garten, in dem sie geboren wurden, irgendwann einmal, nicht im Garten, vielmehr im Krankenhaus, wie sich's ziemt. Aber aufgewachsen sind sie da, in dem Garten unter den Stachelbeeren, die ihnen schon damals nicht schmeckten . . . Und sie finden das Haus, aber es hat

einen ganz kleinen Garten, denn man hat die Stachelbeerbüsche ausgerissen und ein großes Haus in den Garten gesetzt. Da hockt es nun und sieht aus wie die Verdauung des Vogels Roch, und die ist nicht schön!
Menschen auf Reisen treffen andere Menschen auf Reisen. Das sind die Touristen. Oder sind die Leute, die in Geschäften, immer irgendwelchen Geschäften, unterwegs sind. Und also auf Spesen leben. Etwas runder auftreten, etwas lockerer in die feinen Häuser einreiten, die nicht so ganz ihr Cadre sind, nicht so ganz ihr Maßanzug. Oder eigentlich doch, denn die feinen Häuser sind ja auf Spesen eingerichtet. Geben sich fein. Sind's nicht. Vermitteln dem Herrn Generalprokurator und seinem Möchtegernnachfolger das Gefühl, sie hätten die Hand am Puls der Zeit oder wo sie sie halt gern hätten, ihre Hände, die Generalprokuratoren.
Menschen auf Reisen haben einen leise irren Blick. Das kommt nicht nur vom Geruch der Hotelzimmerschränke. Das kommt nicht nur von den Hinterhöfen, in denen sie aufwachen, von den Brandmauern und frierenden Fliederbüschen darunter, Hinterhöfen, die ihnen nicht einleuchten, die aber die Kulisse ihres unruhigen Schlafs sind, denn vorneheraus dröhnt der zivilisierte Mensch im Automobil durch den Schlaf des Reisenden. Der irre Blick aber rührt von der Hitze her. Menschen auf Reisen kämpfen wacker und höchst vergeblich gegen die Hitze. Denn die Flugplätze heizen ihre Hallen zu heftig, die Gasthäuser sind überheizt, die Büros, in denen der Mensch auf Reisen zuweilen was zu regeln hat . . . die Hotelzimmer vor allem, diese Schubladen aus Talmi und gehäckseltem, schmalportioniertem Schlaf: die sind wie ein heißes, stickiges Vakuum, leergepumpt von allem, was Luft heißen könnte, bißchen heißes Löschpapier statt dessen, das in die Lungen kriecht und aufsaugt, was da an Reserven wäre.
Menschen auf Reisen merken, daß die Welt nicht so sehr

am Schmutz zugrunde geht als vielmehr an der Hitze. Genauer: sie *ist* deswegen verschmutzt, die Welt, weil sie überheizt ist. Überall tuckern und puffen und qualbern und feuern und kochen und dampfen irgendwelche Heizungen, große, dickbauchige Kessel und Öfen, irgendwo muß ja der verbrannte Qualm hin.

Die Hitze tötet die Welt, nicht der Dreck, denkt sich der Mensch auf Reisen und läutet dem mürrischen oder allzu freundlichen Zimmerkellner, denn resigniert hat er elf Minuten vor seinem Wasserhahn gestanden, aus dem es auch dann noch lau und übelriechend floß. Der Mensch auf Reisen bekommt selten Wasser zu trinken. Die Getränkeindustrie muß eigene Hotelwasserverstinkungs- und -erwärmungsanlagen liefern.

Menschen auf Reisen sind aber auch tolerant. Finden die Uniformen anderer Länder putzig, nicht nur lächerlich, finden auch die Fahnen anderer Länder pittoresk und nicht unbedingt anzuzweifeln, finden, daß diese anderen Fahnen leichter flattern, und haben da ja auch recht, namentlich in Frankreich, wo sie ein besonders windbewußtes Fahnentuch erzeugen, das beim geringsten „Puh" eines Ministerpräsidenten oder auch nur eines Generals zu flattern beginnt, ganz zu schweigen von der Blechmusik eines Veteranenvereins.

Menschen auf Reisen . . . nein, immer sind sie nicht tolerant. Manchmal sind sie von einer eigensinnigen Güte der Welt gegenüber, verteilen Lob und Tadel, wo die Welt nicht immer anspringt. Menschen auf Reisen, ich kenne welche, tadeln das römische Bier, nennen es schlapp und nicht nach heimischer Art gebraut, und sagen anerkennend auf der Place de la Concorde, einem immerhin einigermaßen renommierten Platz: Dieser Brunnen steht auch in Graz. Sagen sie. Und meinen es gut.

Menschen auf Reisen sehen allerdings manchmal auch Dinge, die sie zu Hause gar nimmer sehen. Leisten sich, langsamer zu gehen. Leisten sich, die Wurzel auch mal loszulassen und das Risiko der Entwurzelten einzugehen. Manchmal trocknen die Wurzeln aus, manchmal nisten die Maulwürfe drin, manchmal wächst auch noch was dazu. Manchmal tut's den Bäumen gut, wenn sie in eine andere Sonne kommen, nein?

16. Januar 1972

Das Telephon ist eine indiskrete Maschin'

Das kennt doch jeder. Das haben wir doch schon alle. Darüber sind wir doch auch. Bei der Gelegenheit hab' ich oft und oft. Gerade noch im letzten Augenblick.
Nämlich: Sie sprechen mit einem Menschen. Sie sagen ihm was. Sie, man denke, Sie fragen ihn womöglich was. Sie wollen noch gar nix Unziemliches von ihm, gar nix Eigennütziges. Keinen Kredit, kein Geschenk, keine Protektion. Nicht einmal eine Intervention. Was doch wirklich selten ist, in unseren von Kumpanei versulzten Zeiten.
Und Sie sprechen. Und fragen. Und sagen.
Und plötzlich wird Ihnen eine mehr oder weniger feuchte, mehr oder weniger fleischige und vor allem: mehr oder weniger saubere Hand aufs Ohr gedrückt. Nicht zart. Nicht liebevoll beruhigend. Nicht so, wie die Kinder dir plötzlich eine Muschel ans Ohr pressen, eine, die, von mir aus, noch leise stinkt nach ihrer ehemaligen Bewohnerin, noch bisserl Sand ins Ohr rieseln läßt von irgendeiner ehemals heißen Küste, und die nun fest und unbequem ans Ohr gedrückt wird – nicht ohne wispernd aufgefordert zu werden, doch einmal *ganz* still zu sein, psssst, *nein, nicht sprechen!!!!!* – und: Hörst du das Meer? Du? Hörst du's?
Und dann braust es ja wirklich. Und dann rudern ja die Galeeren, bei dir eine andere als bei mir, jedem ächzt die entgegen, die er kennt, und immer aus einem anderen Karthago. Und die Brandung ist wie im Baskenland, wo der Atlantik sich gar nicht nach Inklusivpreisen gebärdet und vor allem nicht nachsichtig mediterran. Und wenn die Muschel auch fast das halbe Ohr abreißt, so schartig ist sie und so nachdrücklich wird sie daraufgepreßt, drumherum gewetzt, ist man doch gern bereit, sich für eine kleine Sturmstärke samt Tanggeruch, nachmittags um viere zu

Wien, einiges antun zu lassen. An *einem* Ohr. Wo man ja eh noch ein anderes hat.
Ja – aber eben: nicht so.
Vielmehr mit einem deutlichen „Plupp" fühlen Sie plötzlich eine unwillkommene Pfote auf ihrem wehrlosen Ohr. Und wenn sie den Telephonhörer wechseln, denken, da hätten Sie ja noch ein anderes Ohr, dann liegt da längst die leise schwitzende, die kohlepapierberußte, die nicht immer nach angenehmem, manchmal nach höchst odiosem Duftwasser miachtelnde Hand schon längst dort.
Bildlich gesprochen.
Ach ja. Natürlich, bildlich.
Aber trotzdem aufs unangenehmste, aufs allerunhöflichste, aufs sittenwidrigste doch gang und gäbe.
Nein?
Kaum daß gefragt, gesagt, sich vorgestellt wurde, macht es „Plupp" – und ich weiß: mein telephonisches Gegenüber hat die Hand auf das Mikrophon des Hörers gelegt, richtiger auf die Membrane, glaub' ich, und schickt sich an, meinen Anruf, mein beim Telephon Hereingekommensein mit irgendeinem Gegenüber zu besprechen. „Wummmununuwarbassazummun?" Höre ich. Und dann ein entfernteres „Dillaadrummiunderiummm!"
Und da weiß ich's nun.
Und es ist ungefähr so, als hätte ich angeklopft an einer Türe, leise, scheu, wie man's halt so macht; und kaum hat einer – oder eine – „Herein" gemeldet, und kaum hat man seinen Gruß und seine Anfrage entlassen: flugs steht der – oder die – Angesprochene auf, geht zu einem zweiten im Zimmer wohnenden Menschen und beginnt mit dem (mit der) zu flüstern. Hinter vorgehaltener Hand. Wie im Amateurtheater. Flüsterflüster, Wisperwisper. Und man, und Sie, und du, und ich stehen da und bemühen sich, so zu wirken, als wäre das das Allernatürlichste, Höflichste, Sittigste der Welt. Denn gleich wird die Wisperei, das Geflü-

ster aufhören, und die (oder der) Wispernde wird mit mir sprechen und die Meinung des Flüsterkomitees weitergeben.

Fein, was?

Oder aber, kaum bist du eingetreten ins Zimmer, kaum hast du gesagt, was es denn soll mit deinem Hiersein: da steht der (oder die) Angesprochene auf, greift sich zwei Gummipfropfen, wie der kundige Sporttaucher sie etwa zur Sommerszeit in seinen Inklusivpreisferien gern in den Gehörgang stoppelt, wenn er den wohlschmeckenden Tiefseebarsch oder die unpolitische Rotbarbe jagen und spießen will – greift sich also so einen Gummipfropf und rammt dir den ins wehrlose Ohr, ohne jeglichen Versuch eines auch nur äußerlich freundlichen: „Entschuldigen S' schon, aber es muß halt sein." Aber nein, plopp, da klemmt der Gummi im Ohr, und die Welt manifestiert sich, so sie spricht, nur noch durch „Sruubbnumsdiaffgi? Hmundasrtebulniok!!"

Wie sagte doch der feine Herr, als er das internationale Wort, das mit K beginnt und ebenso unappetitlich ist wie die eben beschriebene Unsitte, nicht verwenden wollte? Er besann sich auf das nationale Wort und meinte: „Es ist zum Speiben!"

Und er hatte wahrlich recht!

Merkt euch, ihr Leute mit der feuchten Hand, ihr Leute mit dem feisten Handballen, ihr Leute mit den ungewaschenen Pfoten, ihr Leute mit den imaginären Gummipfropfen, so ihr eurem Nächsten telephonisch ins Ohr rammt: Derlei hinter vorgehaltener Hand Gesprochenes kann vom Gegenüber am Draht allemal als Lüge empfunden werden.

Ich jedenfalls weiß, wann immer mir ein Patschhändchen ans Ohr glupscht: jetzt beginnt da drüben einer zu lügen. Warum lügt der oder die? Ach – aus irgendeinem nichtigen Grund: weil der Mensch, der angerufen werden sollte, vielleicht bei einem Kaffee mit schlutziger Cremeschnitte hockt, in einem Kanditen- und Süßbackwarenverschleiß, anstatt auf der Konferenz, die so wichtig ist, daß man nur mit angehaltenem Atem flüstern darf. Da könnte ich jetzt noch viele Gründe aufzählen, Ihnen fielen noch manche dazu ein, und am Abend säßen wir noch beisammen und knirschten ob der groben Sitten am Telephon.

Wenn jemand mich jedenfalls anruft, und er bekommt eine Hand, eine zugegeben gewaschene solche, aufs Ohr geknallt, dann möge er wissen:

a) da bereitet wer einen Lug vor,
b) der bin ich sicher nicht selber,
c) der sollte das nicht tun. Und erwisch' ich ihn dabei, nehm' ich ihm's Rohr aus der Hand und flöte ein gutartiges „Ja, bitte" ins Bakelit.

Das ist weniger ein persönliches Bekenntnis als ein Merkblatt, das Angerufene sich und ihren Lieben zugestehen sollten und das bei der Redaktion gerne gegen einen angemessenen Unkostenbeitrag bezogen werden kann, wenn's wer noch nicht verstanden hätte.

Feine Leute telephonieren auch fein.

Noch feinere Leute telephonieren auch gar nicht. Wenn sie mit einem im Gespräche ruhen und zu einem Sinn und Ende kommen wollen. Dann wird höflich *nicht* telephoniert, auch nicht von den Damen vor seiner Schwelle verbunden. Die wiederum lügen auch nicht mit Schwitzehand und flüstern einander zu: „Issa do? Do is der Huba dran, maanst, soll i??" Sondern sie sagen: „Der Herr X spricht gerade mit dem und dem, wir würden Sie gerne zurückrufen, wenn wir das dürfen." Oder so.

Der Bold, der sich hastig mit jedem Pleampel, und sei der noch so mafios, verbinden läßt und glücklich ist, wenn das Telephon röhrt und er seine Einmannshow abziehen kann – der Mann ist seiner Sache nicht sicher. Braucht Hartgummi und den Mief der kleinen, nahen Welt, um zu merken, alle Stunden wieder, daß er noch da ist. O Freude, er ist noch da.

Hugo von Hofmannsthal: „Das Telephon ist eine indiskrete Maschin'!"

Merke: Und verrät oft viel über einen, der telephoniert. Und nicht telephoniert. Und wie telephoniert.

7. Mai 1972

ZUM BEISPIEL OBERHOFGÄRTNERASPIRANT

DA REDEN SIE VON EINSPAREN und von Zurückschrauben der Ansprüche, und da reden sie von Budgetverringerung und Durchforstung der Ansprüche, die die einzelnen Ministerien stellen werden. Da reden sie und machen sich beliebt.
Und dann so was.
So machen sie sich *nicht* beliebt. *So* steigt keinerlei Popularität. So steigen die Ansprüche. Und die Unzufriedenheit.
Soweit die überhaupt noch steigen kann.
Und dann haben sie auch noch alle gelacht. Haben sie je ein so heiteres Parlament gesehen, wie an dem Tag, als sie abstimmten über die Abschaffung von circa sechshundert Amtstiteln? *Österreichischen* Amtstiteln?
Da ham sie alle gelacht. Auf – na, auf wessen Kosten wohl?
Da waren sie sich einig, *einmal* waren sie sich – na, auch schon was. Und obwohl alles längst klar und deutlich und abgesprochen war, mußten sie noch alle mal ganz schnell zum Fenster hinaus. Mußten sie. Ja. Sagten, was eh schon jeder wußte: daß nämlich ein paar Titel möglicherweise nicht gestern erfunden worden sind. Auch schon was! *Diese* Erkenntnisse! Na so was!
Und sie lächelten. Die Herren Abgeordneten lächelten. Bei der Rede. Sie sprachen wie meistens in ein fast leeres Haus hinein, ein Hohes leeres Haus, aber die Redner schmunzelten. Sie waren sich der Beschmunzelbarkeit des Themas so bewußt. Hö, hö, hö – man war fortschrittlich und wollte es auch bitte zeigen.
Unklug!
Wie ganz und gar unklug! Wie wenig vorausschauend! Wie verschwenderisch! Das wird uns alle viel Geld kosten! Bald werden sie aufstehen und sich zusammenrotten in den

langen Gängen ihrer Amtsgebäude, auf denen sonst die Petenten Parteien zu warten haben, bis die Amtsstunde anhebt und der Herr Referent die Parteien verkehren läßt. Dort, in diesen Gängen, die wir alle kennen, wird das Unheil sich zusammenballen, von dort aus, ja, ich weiß es, wird es seinen Lauf nehmen.

Und recht werden sie haben, wenn sie merken, daß sie eines Morgens, gar nicht hochmütig, nein, aber doch mit einem soliden, einem seriösen kleinen, mein Gott, ganz bescheidenen Titel, als Rückgratverstärkung eingearbeitet, ins Amt kommen – und nun haben sie ihn nicht mehr. Man soll das Rückgrat, man soll die schlichte Würde, man soll das edle Selbstverständnis unseres Beamtenstandes nicht geringachten. Und das tut man, indem man ihm den Titel herunterräumt.

Der Winter kommt. Und womit bedeckt er dann seine Blöße?

Wie?

Es war eine der listigsten Listen, die das weiland Kaiserhaus und seine Berater ersonnen hatten. Sie wußten, nur eine starke, selbstbewußte, treu ergebene und vor allem aber auch ein bißchen dankbare Beamtenschaft konnte das große, krause, von Pracht und Privilegien überwucherte Reich gouvernieren und in die allerhöchst genehmigten Bahnen lenken. Und da auch halten.

Wie erreicht man aber eine starke, selbstbewußte, treu ergebene und vor allem aber auch ein bißchen dankbare Beamtenschaft? Man setzt sie vor. Hast du zwei Männer, zwei hervorragende Gärtner etwa, in deinem Park – so wußte das Kaiserhaus seit eh und je –, so mach einen von ihnen zum Obergärtner. Noch besser, stell ihm in Aussicht, Obergärtner werden zu können, wenn . . . ja, eben. Wenn er ein treuer, starker, selbstbewußter und vor allem auch ein bißchen dankbarer . . . und so weiter.

Wie sollte der Gärtner aber glauben und vor allem durch

diesen Glauben sich zu noch trefflicherer Gärtnerei angespornt fühlen, was man ihm da in Aussicht stellte?
Nun, da gab es eben zweierlei. Erstens einmal war da das Wort des Kaisers. Vielleicht nicht ganz direkt sein eigenes, aber doch das Wort des Oberhofgartenmeisters, oder so. Das galt schon was, das Wort des Kaisers. Das wußte man doch. Das geht eben heute ein bißchen ab. Den Beamten, meine ich.
Und dann gab es eben den inaussichtstellenden Titel. Der Titel als Inaussichtstellung. Er wurde ein bißchen hochgehalten. Schnapp, spring, zappel, wenn du dich brav anstrengst, so wirst du ihn schon bekommen . . .
So wurde der k. k. Oberhofgärtneraspirant geboren.
Aspiranten gab es viele. Sie lebten darauf hin. Sie atmeten, hechelten oder werkten in zufriedener Gelassenheit, denn schon einmal aspirierend eingestuft worden zu sein, hob das Ansehen. Man konnte bemerkt werden, man war eindeutig dem Herzen des Gottes näher als der, dem zu aspirieren verwehrt war. Oberhofgärtneraspirant hatte etwas von dem edlen Reiz kommender Genüsse an sich. Man sah sie schon blitzen. Man erhoffte sich, wußte sich im Stand der allerhöchsten Aufmerksamkeit, ja Gnade. So schön konnte gar kein Amt mehr sein wie die Aspiranz auf dasselbe.
Das wußte der Kaiser. Das wußten seine Consulenten. Darauf bauten sie das kleine Glück so vieler treuer Diener dieses Staates auf. Und:
Natürlich war die Aussicht, einmal aus dem Mezzanin der Würden aufzusteigen in den ersten Stock, nicht nur der treuen Ergebenheit förderlich, nicht nur der Stärke in der Pflichterfüllung, nicht nur gerade dem Quentchen Selbstbewußtsein, das dem Beamten die nötige Unnahbarkeit und Kaiserähnlichkeit verlieh, um den Petenten in Zucht und Zaum halten zu können in allerlei Amtsstuben und Eichämtern und Bezirksgerichten und Wachstuben; nicht

nur dem bißchen Dankbarkeit förderlich, das den Aspiranten ja eben doch denen verpflichtete, die die Aspiranz und dann den endgültigen – ha! – Titel verleihen konnten; nein, nicht nur all das. Sondern es war auch billiger! Budgetsparend!
Einer, der was werden konnte, dem in Aussicht gestellt wurde, der schon so hieß, daß man wußte, er lebe auf die Beförderung hin – der war *bescheiden!!* Na klar!
Der waltete. Nämlich seines in Aussicht gestellten Amtes waltete er mit größter Umsicht und Genauigkeit. Der konnte schon mit den Aufgaben eines Obergärtners betraut werden, ohne es noch zu sein. Und worin – ach! – unterschied sich denn die Tätigkeit des Ober von der des Oberaspiranten? Wie?
Na eben!
Aber der Oberaspirant und der Ober – und wenn er auch nur ein Ober von zweien war, also einem einzigen Mitgärtner vorgetitelt –, der konnte schon so allerlei bewirken. Wo zwei werkelten, und einer war der Aspirant oder schon der Ober, da kam doch schon etwas mehr Zug in die Sache. Einer paßte auf. Einer leitete. Einer gab Obacht, daß. Und Obacht, daß *nicht*. Einer war interessiert daran, daß. Treu ergeben. Stark. Ein bißchen selbstbewußt. Und ein bißchen dankbar. Im Bewußtsein, einer privilegierten Gesellschaft anzugehören. Der Beamtenschaft eben. Drum auch die zweierlei Gerichte. Die Disziplinarkommission, der man sich zu stellen und deren Spruch man sich zu unterwerfen hatte, wenn man etwa ein Delikt gegen seine Beamtenehre begangen hatte. Hatte der Oberhofgärtneraspirant etwa eine Gartenschere mit nach Hause genommen, so wurde er von den Gerichten wegen Gartenscherenentwendung bestraft. Gut so. Aber dann mußte er ein zweites Mal vor die Disziplinarkommission treten und sich hier nicht nur wegen Entwendung der allerhöchsten Gartenschere verantworten, nein, sondern auch wegen des Flecks

auf der Ehr'. Ein Oberhofgärtneraspirant – und klaut höchstdero Scheren? Wie denn das? Und der Bannstrahl, scharf und ätzend, zuckte aus dem Geäst einer just von ihm gestutzten Oleanderhecke auf ihn nieder.

Das soll alles nicht mehr sein? Keine doppelte Gerichtsbarkeit? Ja, wie wird es denn dann mit der Moral der Beamtenschaft bestellt sein? Etwa so wie mit der aller übrigen Staatsbürger? Nicht besser??? Na, servus, Herr Aspirant!

Alle Gärtner heißen Gärtner? Keiner wird wenigstens Baumscherenakzessist sein, Gartenkanzleioberoffizial? Nix?

Und – bitte – hat man sich darüber Rechenschaft gegeben, wie die Damen im Dienste des Bundes heißen, denen das Privileg verliehen wurde, ihren Mitmenschen beim Aufsuchen stiller Orte durch reinliche Bereitstellung dieser behilflich zu sein?

Wie sollen sie denn da mit Freude ihrem – na ja – doch aufopferungsvollen Amte gerecht werden? Was sagen sie, wenn man sie fragt, womit sie ihr Brot verdienen?

Nein, *das* sagen sie eben nicht. Bis jetzt konnten sie stolz aussprechen, was sie offiziell auch waren:

Stoffwechselmanipulantin.

4. Juni 1977

Mannjahr, Fraujahr

Beispielsweise die Computer

Die Computer beispielsweise hatten es schwer, von ihren Erfindern und natürlich vor allem von der die Computer herstellenden Industrie durchgesetzt zu werden. Die Herren Direktoren waren der Meinung, es lohne nicht, einen Blechtrottel die Rechnungen rechnen und auch noch mal nachrechnen zu lassen, solange es doch wackere Menschenrechner gebe, Herren, denen zwar die Haare beim Rechenvorgang ausgingen, die aber durchaus imstande seien, notfalls mit Hilfe des bewährten und vor allem auch schon amortisierten Rechenschiebers, die anfallenden Rechenvorgänge mit dem Bleistifte, mit dem Papiere, mit den Fingern, „und zur Not auch meinetwegen mit dem Kopf", zischte der Herr Direktor, zu erledigen.

Das sagten die Direktoren und Mitvorstände damals. Seinerzeit. Dann, später, konnten sie gar nicht genug computerisieren. Es war ein hechelndes Prestigebedürfnis nach ganzen Batterien leise summender, das Selbstgefühl der Firma hebender Computer ausgebrochen: „Das kann Buchhalter Fatzke doch nicht, da muß doch der Computer ran, ach, Fräulein, schicken Sie doch mal schnell in die Computerzentrale und lassen Sie das durchchecken..."

So geht das heute. Na ja – heute schon fast wieder nimmer so ganz. Man kam nämlich drauf, daß auch der Computer nur ein Mensch ist. Und eben Fehler macht. Und zwar ganz unmenschliche, besonders hervorragend blöde Fehler. Fehler mit raffinierter Konsequenz und mit System. „Ha – aber *was* für Fehler! Das sind gar keine Fehler, das sind neue mathematische und organisatorische Erkenntnisse, für die sind wir nur noch nicht reif. *Solche* Fehler sind das!!!" sagen die Computerverschleißer mit selbstbewußtem technischem Bibber in der Stimme.

Denn sie glauben an ihre Sendung. Sowie an die Zukunft des Computers. Eine Zukunft, die mit der Zukunft der Computerverschleißer eng zusammenhängt. Nein?
Jedoch: Als es galt, den Computer den Herren Vorständen gegenüber durchzusetzen, als man es denen mundig machen wollte und vor allem auch: mußte, da rechneten sich die Computerverkäufer (ob mit Papier und Bleistift oder ob mit Computer, das könnte ich nicht so ganz genau sagen) aus, daß soundso viele Männer soundso lange zu rechnen hätten, mit den herkömmlichen Methoden und Geräten, bis sie eine Rechnung erstellt hätten, die der Computer – jaaaa – nur in soundso kurzer Zeit ebenso gut errechnen konnte.
Also: Ersparnis von menschlicher Arbeitskraft.
Und dieses Soundsolange, dieses Soundso wurde mit einem fabelhaften Begriff geschmückt. Der war so plastisch, so anschaulich, daß dem Kapitalverwalter und vor allem dem Kapital*vermehrer* das nasse Grausen den Rücken hinunterrieselte, wenn er sich die Aufwendungen herunterbetete, die ihm so ein Mann ein Jahr über kostete: Krankenkasse und Versicherungsbeiträge und dreizehntes Monatsgehalt, vierzehntes zuweilen auch – „und an Urlaub woll'n die ja auch noch!!!!"
Der Begriff, den die Computerverhökerer da prägten, war der Begriff des „Mannjahres".
Das Mannjahr, das gibt's seitdem. Es steht sogar schon im Lexikon. Und zwar – da es ja immer wieder Leute gibt, die einem *einfach* nicht glauben –, und zwar steht es *so* drinnen:
„*Mannjahr, das.*
Der Wunsch, den Aufwand an menschlicher Arbeit für ein bestimmtes Vorhaben zu definieren, ließ den in Wirtschaft und Technik verwendeten Begriff Mannjahr entstehen. Ein Aufwand von einem Mannjahr bedeutet, daß ein Mann ein Jahr lang an einem Projekt arbeiten muß. Das heißt ent-

sprechend, zwölf Männer könnten die Arbeit eines Mannjahres in einem Monat bewältigen. Bei Einführung der elektronischen Datenverarbeitung war es üblich, zur Veranschaulichung der Kapazität eines Rechners anzugeben, wieviel Männer (hier: Mathematiker oder -innen) wie lange mit Kopf oder Hand rechnen müßten, um die Leistung des Computers in einer bestimmten Zeit zu erreichen. Auch hier wurde der Begriff Mannjahr verwendet. Heute ist es beispielsweise nicht unwichtig zu wissen, wieviel Mannjahre nötig sind, um den für die Bundesrepublik Deutschland geplanten Wärmeatlas zu erarbeiten. Denn davon hängt die Planung der Kernkraftwerke für die nächsten Jahrzehnte ab."
Das ist also wirklich eine Sache, die gibt's längst.
Nur wir – oder einige von uns, die eben zu blöde sind, um regelmäßig das Lexikon in seiner neuesten Ausgabe zu lesen (womöglich so ein Klugscheißerchen gar nicht besitzen, was eben falsch ist, wie sich's immer wieder herausstellt) –, nur wir wußten nichts davon, daß wir längst gemessen worden sind.
Wie viele Mannjahre sind zum Beispiel notwendig, um zu errechnen, wie viele Mannjahre notwendig sind, ein Projekt zu errechnen, das auch ein Computer ... und so weiter. Oder natürlich richtiger: Wie viele Teilmannjahre – oder Mannteiljahre – sind dazu herzunehmen?
Und: Ist (da lächerts einen doch!) Mannjahr *gleich* Mannjahr? Gibt es nicht den guten Mann, dessen Jahr samt Jahresleistung ganz gewiß besser und effizienter sein wird als die Leistung des schlappen Mannes? Des schwachen Mannes? Des schlechten Mannes gar? Denn es soll ja auch schlechte Bolde geben, unverhältnismäßig schlappe Rechner. Und deren Jahre nun mit dem Jahr eines meiner hochverehrten Mathematikprofessoren zu vergleichen wäre zwar ein Labsal, aber man täte da den Herren Professoren doch bitter unrecht.

Das ist wie mit den Pferdekräften. Die kleinsten und schwachbrüstigsten Automobile protzen doch mit mancherlei Pferdekraft, von der man bei harter Beanspruchung dann immer nur glauben will, es sei von Ponys die Rede gewesen, von isländischen Töltern, die zwar wacker, aber doch nicht so recht mit der vollen Kraft des Pinzgauers etwa ihr Sach' ziehen.

„Ja, aber was für a Pferd, dös müssen S' bedenken", sagte der Verkäufer einer altersschwachen mopedähnlichen Maschine, die tatsächlich nur über *ein* PS verfügte. „Pferd is ja net gleich Pferd! Da gibt's ja Rösseln und Schindermähren – und dös da . . .!"

So auch das Mannjahr.

Gibt es eigentlich auch das Fraujahr? Das Damenjahr? Und wie wird das in Relation zum Mannjahr sowie zum Computer gebracht? Wir alle wissen doch, daß die Frau den Mann allemal einsteckt, und wenn sie's nicht tut, dann versucht sie's wenigstens. Und ist es beim Fraujahr auch so, wie im Lexikon vom Mannjahr angenommen wird: daß die Jahresarbeit einer Frau von zwölf Frauen in einem Monat bewältigt werden kann? Ich würde meinen, daß es da doch ganz stark auf die Art der Arbeit – und aber auch der Frauen – ankäme. Und auf die Möglichkeit der Damen, untereinander bei dieser Arbeit zu kommunizieren oder eben *nicht* zu kommunizieren. Das sind doch gewaltige Unterschiede der Arbeitsergebnisse, die sich da ablesen ließen, nein?

Oder auch Mander. So recht ein Rudel von zwölf schwatzhaften Bolden: Wenn die so aus dem Halse heraus zu klären anfangen, zu prüfen und zu erwägen und die Sache einmal ordentlich durchzudiskutieren, da würde ich nicht so sicher sein, ob nicht das Umgekehrte einträte – daß ein Mann in einem Monat die *Jahres*arbeit von zwölf Männern erledigte. Wenn man ihn nämlich nur ließe, still vor sich hin werkeln ließe, frei von Geschwätz und Einspruch

und Brainstorm und wie die Hirnschüttelei sonst noch heißt. Das Mannjahr würde dann und so möglicherweise tatsächlich zu einem Mannjahr, nicht aber zu dem, wie die Jahre des Mannes so im allgemeinen dahinplätschern: als Schwatzjahr. Oder, noch schlimmer: als Dreinschwatzjahr.
Aber das Kindjahr? Ein von Unternehmern und Benützern der Manpower – das ist ein ebenso unmenschlicher Ausdruck der Briten und namentlich der Amerikaner, den Menschen und seine Verwendbarkeit und Einteilbarkeit betreffend –, das Kindjahr also, eine gewiß nicht so sehr geschätzte Arbeitsnorm. Und doch: zwölf Kindjahr Schule, vier Jungmannjahr Universität könnte die beeindruckende Leistung eines Musterschülers lauten.
Und unsere Herren Spitzensportler? Diese Lieblinge der Nation sowie der Führer des Volkes, die sich so gern mit ihnen gemeinsam – na, sagen wir mal: sehen lassen? Deren spielerische Tätigkeit? Ist das in Mannjahren zu messen? In Fraujahren? Oder ist der Fleiß des Fußballers, die Kühnheit des Pistenruachs doch eher in Kindjahren zu veranschlagen? In der schönen Unschuld des Kindjahres?
Aber, hier denn doch ein hartes Wort:
Ist Kinderarbeit denn erlaubt?

7. Dezember 1974

Bei uns wär' so was nicht möglich

Das ist nicht die einzige Frau, die da sitzt und Aktendeckel bewegt und Papiere umdreht und liest und weiter umdreht und auf die Seite legt. In allen Zimmern des riesigen Gebäudes sitzen sie und lesen. Öffnen die Aktendeckel. Lesen die Nummern, Ziffern, Zahlen- und Buchstabenkombinationen. Finden eigenartige Namen und Begriffe, die auch ein nur leicht argwöhnischer Laie als Decknamen erkennen kann. Stoßen dann wieder auf ganz biedere Namen, die aber dennoch nicht die Namen *der* Leute sind, die sich unter einer Tarndecke aus Biedersinn und Treuherzigkeit bewegen. Bewegt haben, so muß es wohl heißen. Jetzt halten sie stille, legen die Ohren an, versuchen Mimikry und wollen aussehen wie Gras, wie Herbstlaub oder Eidechsen. Oder wie Bürger. Mitbürger sogar. Leidensgenossen – die einzige Art von Genossen, mit denen sie was am Hut haben wollen. Gehabt haben wollen. Jemals gehabt haben. Wenn überhaupt. Ja, sie legen sich den Trauermantel des Leidensgenossen um.

Gierig, sabbernd vor Schadenfreude, diesem allerdeutschesten Wort, das es ja, wie jedermann weiß, wirklich nur und bloß im Deutschen – aber nicht etwa nur in *Deutschland* – gibt, vor Schadenfreude schlürfend und geil starren die Nachbarn nach Deutschland. Starren auf die Tausende, und bald werden's Hunderttausende sein, die sich in ein enges Zimmer gezwängt haben, in den ehemaligen Gebäuden der Stasi, ja, des Staatssicherheitsdienstes. Um da nachzulesen, nachzuprüfen, was es denn so auf sich hatte mit dem Bespitzeltwerden der eigenen Person.

Ja, wir wissen's mittlerweile: Es war so unvorstellbar ekelhaft, daß alle Phantasien und Widerlichkeiten immer noch einmal übertroffen wurden. Da, wo die Verbindung zweier Menschen gerade durch Widerstand dem Staat gegenüber,

durch Mut, durch gemeinsam empfundene Furcht und durch gemeinsam erlittene Bedrohung von seiten dieses Staates, da, wo durch Angst die Verbindung zweier Menschen besonders eng wird, diese wunderbare Nähe von einem Menschen zum anderen, wenn *nichts* mehr von dem, von dessen Lauterkeit und Wärme ablenken kann, weil man sich nämlich ganz besonders braucht:
Wenn dann plötzlich zwischen zwei schäbigen Aktendeckeln zu finden ist, daß der andere, der Nächste, der Partner *alles verraten hat*, was es zwischen zwei Menschen gab? Zwischen einem Ehepaar, einem Liebespaar, zwischen Freunden, wirklichen, als fair empfundenen Freunden: jede solche Verbindung, jedes Gespräch, jede Vermutung, jede Furcht – alles aufgeschrieben in dürrem Agentendeutsch. „Auf meine Bemerkungen hin sagte sie . . ." Und der, der das schreibt, ist der nächste Mensch. Und der, über den er berichtet, das bist du. Möglicherweise du.
Was macht man da? Wie lebt man da weiter?
Das erfindet man nicht. Da käme man sich lächerlich vor, derlei zu erfinden. Auch nur die Mühe, sich vorstellen zu können, jeden Staatsbürger einzukreisen. Über fast jeden Papier anzuhäufen. Jeden gegen jeden *einzusetzen*, gegen jeden zu mobilisieren. Jeden auf seine Verwendbarkeit abzutasten und zu wiegen. Kein Fußballer, der nicht über die Gespräche in der Kabine berichten soll. Kein Schauspieler, der auf Auslandsgastspiel geht, bei dem nicht nachgefragt wird. Vorher. Nachher. Und zwischendrein wird er selber überwacht – und weiß das und kann sich vielleicht auch noch einreden, sich selber an- und vorlügen, besser er selber höre zu und merke sich und teile bloß *das* mit und gebe bloß *das* weiter, was man verantworten könne. Besser man selber als ein anderer. Um schlimmeres Unheil abzuwenden. All dieser Selbstbetrug, mit dem man sich den Köder vor die eigene Nase hält, um guten Gewissens in die Falle tappen zu können. Ja – da ist sie, die Falle, da ist ihre Feder

gespannt, da glänzt das Gitter, der metallene Bügel, der zuschnappen wird . . . Ich sehe das ganz genau; aber wenn ich es sehe und wenn ich freiwillig hineingleite – bin ich dann nicht dagegen gefeit? Bin ich dann nicht immun?
Es gibt keine Impfung gegen den Teufel. Man kann der Hurerei bloß aus dem Weg gehen. Man wird's nie schaffen, „ein bißchen wie" anständig zu sein. Oder loyal.
Da linsen wir über'n Zaun. Da schau her, die Deutschen. Die schon wieder. Perfekt bis ins letzte. Haben vollkommen vergessen, daß es das doch schon einmal gegeben hat bei ihnen. Bis Mai 1945. Da war doch auch jeder auf der Hut vor dem anderen, das eine falsche Wort konnte damals den Tod bedeuten. Und da haben die einfach weitergemacht! Kaum waren sie den einen Alb los, schulterten sie schon den nächsten . . . ?
Das kann man sich doch kaum vorstellen . . . also, bei *uns* . . . O mein Gott!
Ganz kalt wird einem, dächte man sich das aus, wie schnell und wie eng und wie schlatzig nach Art des Hauses das auch bei uns hätte stattfinden können. Wie gerne würde doch so mancher Vorteil ergriffen werden, bei den Ohren, beim G'nack, beim Schwanz (wo sich der Vorteil halt so schnappen läßt), wenn's nur dem Herrn Chef eine Freude machte. Dem Herrn Vorsitzenden. Dem Herrn Stadtrat. Der den Einfluß hat, den man braucht, um ins nächste Stockwerk zu kommen. Wie viele Querverbindungen ließen sich doch knüpfen, um endlich einmal dem lieben Kollegen, der sein Leben so leicht zu nehmen scheint, dem die Gehaltsstufe so wichtig nicht ist, dem es einfach am ernsthaften Eifer zu fehlen scheint – und trotzdem gelingt's ihm, zu leben –, wie gut täte es doch, dem einmal ein paar Hürden zu bauen. Wenn er schon hupft, soll er zeigen, ob er noch ein bissel höher hupfen kann . . . Wie? Nein? Ja, na gut, einiges Gelächter mag dem schon in den Hals steigen, wenn er bei unserer Staatspolizei nachfragte, ob es

denn einen Akt über ihn gäbe und was denn da etwa drinnen stünde.
Aber wie naiv und kindlich kann man denn sein, anzunehmen, diese ostdeutsche Stasi hätte ausgerechnet um unser Landl einen Bogen gemacht? Bloß weil unsere Staatspolizei kaum einmal etwas verlauten ließ, wen man denn und wobei man ihn denn und wie lange man ihn denn beobachtet habe?! Und dann auch womöglich überführt?! Ja, man hörte davon nicht viel. Wußte man vielleicht gar nichts? Hat nie was gemerkt, Herr Stapo? Wieso wohl nicht?
All die feschen Sympathisanten, die sich als Wirte oder als Originale oder auch nur ganz schlicht als Saufkumpane gebärdeten; das waren alles Unbekannte? Schwärmer? Harmlose noch dazu?
Bei uns dahoam is so was nicht möglich. Mir san viel zu . . . zu herzlich, um wem nachzustirln. Bring ma ja goar nit z'samm. Oba naa!
Ich möchte die Probe aufs Exempel lieber vermeiden. Also gut. Es gab so viele Vorteile nicht, mit denen man hierzulande einen hätte locken können – außer: man kaufte ihn schlicht. Bezahlte. Oder man packte ihn bei seinem feschen Krawattl, weil: wie chic ist es doch, ein bissel Geheimagent zu spielen, vor allem in Verbindung mit der Überzeugung, einen wichtigen Beitrag zum Gleichgewicht der ideologischen Kräfte zu leisten. Konspiration ist ein besonderer Prickel. Das summt im Hirn. Auch wenn man ein mieses Rädchen in einem miesen Getriebe ist: wenn einer sich wichtig vorkommen kann, ist er oft bereit, allerhand zu tun. Kann sogar passieren, daß er was riskiert.
Was machst du, wenn du einem Pfarrer erzählt hast, was dich bewegt, was dich unruhig macht, wovor du Angst hast, wer deine Freunde sind – und eines Tages merkst du: der, *der* hat das weitergegeben? Um sich selber zu schützen. Um brav einen Brocken zu apportieren. Aus tausend

Gründen, die er sich einredet. Was machst du, wenn deine Frau einen Führungsoffizier hat, der sie anweist, was aus deinem Leben, was aus deiner Arbeit für den Staatssicherheitsdienst interessant ist? Was machst du, wenn du das eines Tages merkst, dann merkst, wenn die Gefahr von außen längst vorbei ist . . . und jetzt siehst du deine Akte ein . . . jetzt kriecht das Gift von innen heraus? Wie siehst du deinen Vater an, der dich, „um Schlimmeres zu verhüten", verraten hat? Was hättest du gemacht, wenn sie gekommen wären und verlangt hätten von dir, du sollst ihnen etwas über deinen Vater erzählen?! Und zwar regelmäßig. Und wenn sie dich erpressen? Denn irgendwo sind viele von uns erpreßbar, und sei es mit der Angst um einen anderen.
Wir sehen von außen über den Zaun. Und fühlen uns nicht betroffen. Und wundern uns nicht, daß das zu uns nicht hereingedrungen sein sollte? Nur weil irgendwer bei uns wegzuschauen wünschte? Oder angewiesen wurde, wegzuschauen . . .?
Wir schauen hinüber und grausen uns wohlig. Unser Nachbar, unser Freund, unser Kollege, ich?
Aber ich doch nie!!!

2. Februar 1992

Sozusagen

ER MUSS JETZT WAS SAGEN. Antworten, *sozusagen*. Denn da wurde was gefragt. Wurde eigentlich ziemlich handfest, mehr noch: absolut genau gefragt. Und da wollen die eine Antwort, *sozusagen*. Er muß jetzt etwas darauf antworten, aber *sozusagen* nicht allzu genau, nicht allzu verbindlich *sozusagen*. Sonst könnte er zitiert werden in drei Wochen oder vier, und das könnte *sozusagen* unangenehm werden. Doch, könnte es. Heute muß man sich noch offenhalten für alle möglichen Varianten, *sozusagen*, da kann man sich noch nicht festlegen, denn Festlegen wäre möglicherweise das Ende, *sozusagen*, man weiß ja nie, wie die Dinge sich entwickeln können, und da äußert man besser *sozusagen* als: wirklich etwas zu *sagen*.

So gehen die Reden. Ersatzworte, Ersatzsätze, Ersatzmeinungen, Vorgestanztes, von anderen, alerten Stanzern Vorgestanztes. Du siehst das prompt einsetzende Flirren in seinen Augen, das ist zwar bloß ein kleines Flackern; aber *das* will er unbedingt verbergen, das will er nicht zugeben, das darf ihm auf gar keinen Fall passieren, daß da wer bemerkt, wie er schwimmt. Er *muß* was sagen, aber er weiß nicht, was??! Er merkt auf einmal, daß es bloß Floskeln sind, die ihm da aus dem Hals kommen. Er redet neben seinen Gedanken her, er schwätzt ein Mäander von Wortgeklingel, *sozusagen* allgemein, *sozusagen* vergleichsweise, „im Sinne meiner Ausführungen bei unserem letzten Zusammentreffen, *sozusagen*, meine Damen und Herren".

Nun geh' ihm doch nicht so nah an den Pelz, *sozusagen*, laß ihn doch *sozusagen* leben, nimm's doch nicht so genau, er verspricht ja eh alles mögliche, und *sozusagen* meint er's ja auch, doch sozusagen schon. Ob er's *wirklich* meint, ob du ihn darauf in ein paar Wochen noch einmal ansprechen

solltest, wenn er's beweisen müßte, was er da heute *sozusagen* leichthin plaudert – also, das laß lieber sein.
Ballastsprache. Verpackungsmaterial, um das herum gewickelt und gestopft und isolierend dazwischengelegt, was der Verpackungskünstler schützen will vorm Zerbrechen. Bloß keine Gefahren, bloß kein Risiko. *Sozusagen* in seinem eigenen Schatten gehen; wenn das bloß ginge.
Er redet schon los, bevor er noch weiß, was er eigentlich sagen will, *sozusagen*. Drum kann er nicht sagen: „Grün", er sagt: „*Sozusagen* grün, *irgendwie*, wenn Sie wissen, was ich meine." Das sagt er nämlich auch oft, anstelle von was Wirklichem: *Irgendwie* sagt er, *wenn Sie wissen, was ich meine*, sagt er.
Es ist schwer, mit ihm ein Gespräch zu führen. Es ist schwer, von ihm eine Antwort zu bekommen. Er dreht einen Hahn auf und läßt's einmal laufen, Überschwemmung *sozusagen*, eine Menge Flüssigkeit *sozusagen*, aber kein Trinkwasser. Kannst du *sozusagen* nicht trinken. Hast du nichts davon, *sozusagen*.
Warum sagt er's nicht so, wie er sich's denkt? Warum will er's nur *sozusagen* sagen? Wer hat ihm diesen Schaumstoff in die Gurgel gesteckt – und nun würgt er ihn heraus bei jeder Gelegenheit?!
Hört er's zu oft, das *sozusagen*? Ist er ein Schwamm, bloß ein Schwamm, der das tröpfchenweise aus sich herausholt, was er tagsüber in all den Stunden voll gegenseitigem Geschwätz auf den Weg geschüttet bekommen hat? Ziemliche Pfützen das. Muß man was tun gegen die nassen Füße. Aber was? Spritzt man halt auch mit Wortmüll um sich, *sozusagen*, stampft mit den Füßen *sozusagen* mitten in die Lacken. Das kommt ganz von selbst aus einem heraus, dieses *Sozusagen*, ist einfach da. Das machen sie doch alle, *sozusagen* alle, schieben so ein kleines Wort dazwischen, federn ab gegen irgendwelche Beschädigungen, die sie erleiden könnten.

Wollen sich nicht festlegen.
Wollen's nicht gewesen sein.
Haben was geredet. Aber haben eigentlich nichts gesagt. *Sozusagen.*
Schielen in sich rein. Wollen da nachsehen, was es etwa zu sagen gäbe. Sehen da drin aber nichts.
Er ist aber was gefragt worden! Man erwartet Antwort!
Oben läuft schon die Sprache. Oben, wo der Mund ist, redet es schon aus ihm heraus. Weiter unten versucht er derweil verzweifelt, in sich reinzuschauen, ob da irgendwas aufbewahrt wäre, das sich lohnen könnte, bekanntgegeben zu werden.
Oben spulen sich schon die Sprachbänder ab, blähen sich schon die Sprechblasen. *Sozusagen,* sagt er: Mit *Sozusagen* klebt er sein Porzellan, klebt er die unzusammenhängenden Landkarten seines Geredes zusammen. Klebt zusammen, wie er meint, stiftet aber Verwirrung, bloße durcheinandergequirlte Verwirrung, und keiner will ihm mehr zuhören.
Da gerät er ins Stottern. Da beginnt er zu flackern. Das will er nicht. *Sozusagen,* schiebt er nochmals nach, *sozusagen,* um am Ball zu bleiben. Aber der Ball ist längst weg, rollt da drüben in den Gully.
Und jetzt? Was macht er jetzt?
Er macht weiter. *Sozusagen* wie er's gelernt hat, *sozusagen.*
Das wäre ja noch schöner, nein? Wenn sein Amt, wenn seine Position von ihm verlangen, daß er sich äußert, wenn er ununterbrochen um Wortspenden gebeten wird, wenn man ihm nicht vom Pelz rückt, *sozusagen,* dann muß er.
Dann macht er's eben.
Dann redt' er halt.
Wenn du genauer wirst, wenn du noch einmal nachhakst, dann wird er sauer. Das weiß er schon selber, was er jetzt grad sagen will – und was nicht. Und wenn er's nicht selber

weiß, so haben's ihm die Ratgeber vorher eingetrichtert und die Warnsignale aufgestellt. Also: nichts Genaues. Also: bloß allgemein. Grundsätzliches. Kann auch grundsätzlich Allgemeines sein. Darauf kommt's wirklich nicht an.

Er versucht zu schwimmen, *sozusagen*. Auf dem Trockenen zu schwimmen. Er versucht – manchmal versucht er's wirklich –, sich selber klarzuwerden über das, was er grad so sagt. Ist nicht immer leicht. Er hat's schon so oft gehört. Kann's eigentlich schon nimmer hören. Muß aber. Weil's aus dem Mund herauskommt, *sozusagen*. Er füllt seine Sätze ab.

Einmal war er, als Kind, in einer Metzgerei. Aber nicht vorne im Laden; er durfte in die Werkstatt, der Metzger war ein Verwandter seiner Mutter. Da durfte er zuschauen, wie sie Würste machten. Die konnten das, Würstemachen, war denen gar kein Problem. In unerwartet großen Trögen zerstampften sie das kleingeschnetzelte Fleisch, Fleischreste und Speck und Gewürze und sonst so Zeug. Aber dann kam's in eine Maschine und wurde durch ein Rohr in einen Darm gepreßt; wie eine Luftröhre war das Rohr. Und eine endlos lange, glitschige Wurst schob sich in den Darm. Der Darm wurde die Wurst, so lange der Darm halt war, und dann drehten sie die Würste zu einzelnen Kurzwürsten. Oder: hatte das auch eine Maschine gemacht? Die Stopfmaschine?

Jedenfalls, es war wie bei so einer Antwortrede. Bei so einer Pressekonferenz. Das Kleingemanschte kam in einen Darm. *Sozusagen*. Und wurde nachgestopft, *sozusagen*. Und dann *sozusagen* abgedreht, zu einzelnen Wurstspenden abgedreht, mit einem Knoten hinten und einem Knoten vorne, *sozusagen*. Die Wortwurst. Mit Füllmitteln. Quellmitteln. Wenn das ins Wasser kam, quoll es auf, und die Wurst sah ordentlich nach was aus. Damals, beim Metzger. Der ein Verwandter der Mutter war.

Später ist ihm das öfter noch eingefallen. Da kam er sich immer als Geheimnisträger vor, *sozusagen*, wenn einer ein paar Würstel bestellte oder eine Knackwurst mit Zwiebeln. In Essig und Öl. Er wußte alles, *sozusagen*, von den Würsten.
Sagte aber nichts.
Man soll den Leuten nicht den Appetit verderben.
Manchmal tut man es aber doch. *Sozusagen*. Weil man gar nicht anders kann. Weil man sonst nicht weiterwüßte. Also macht man halt weiter. Füllt. Läßt aufquellen. Wie die Metzger, *sozusagen*.

3. Mai 1992

Wenn der Schauspieler zur Probe kommt

Wenn der Schauspieler zur Probe kommt und seinen Text nicht gelernt hat, heben alte, bewährte, komische Rituale an. Manchmal weiß der Schauspieler gar nicht, daß er längst das Ritual nachvollzieht, das vor ihm Hunderte Schauspieler auf zahllosen Bühnen morgens um viertel nach zehn Uhr feierlich zelebriert haben.

Der Schauspieler hatte keine Zeit oder keine Kraft oder keine Lust oder keinen Kopf, seinen Text, seine Rolle zu lernen. Derlei fällt aber auf. Es ist schwer bis eigentlich sinnlos, mit zehn anderen Schauspielern eine Szene probieren zu wollen, wenn man nicht genau weiß, was man zu sagen hätte. Geht nicht ohne Text. Es gilt ja, diesen Text zu beleben, abzuklopfen, ihm eine neue Dimension, ein bißchen Geheimnis, ganz viel Liebe einzuhauchen. Aber ach, nicht wahr, was ist Liebe? Du kannst nicht „Kabale und Liebe" probieren, ohne zu wissen, wie die Worte gehen, die Schiller geschrieben hat. „Kabale und Liebe" ist von Schiller, nicht vom Regisseur Ruckenzucker oder vom Schauspieler Lockenschwärzer. Man muß, es klingt eigentlich ganz einfach, man müßte wissen, was man denn probieren will.

Das Ritual: Der Schauspieler Lockenschwärzer, keineswegs im Besitze seines Textes, erscheint auf der Probe. Vergewissert sich durch blitzschnelle Umfragen – „Habt ihr schon? Jaa?? Wirklich? *Alles?* Aber – *wann* denn???" –, daß seine Kollegen den Text zu beherrschen behaupten. Entsetzen beim Schauspieler Lockenschwärzer. Das wird eine für ihn ungemütliche Probe werden. Also muß er . . .

„Lieber Lockenschwärzer . . .", ruft da schon der Regisseur Ruckenzucker, „lassen Sie uns das doch einmal ganz langsam und ruhig entwickeln. Gehen Sie doch bitte einmal hinüber, und kommen Sie bei der linken Tür herein.

Sie klopfen nicht an, Sie machen einfach die Tür auf und..."
"Hab' schon verstanden", ruft Lockenschwärzer. So wird es sich machen lassen. Der Regisseur hatte den rettenden Einfall mit der Tür. Ach, wenn er wüßte...
Lockenschwärzer geht hurtig zur linken Tür, verschwindet hinter ihr. Die Kollegen sprechen die letzten Sätze vor Lokkenschwärzers Auftritt – und jetzt müßte er kommen... und da, tatsächlich, es klopft an der Tür.
"Bitte nicht klopfen, lieber Lockenschwärzer! Ich hatte gesagt, *nicht* klopfen, sondern nur eintreten. Ja?"
Die Tür öffnet sich, Lockenschwärzer schaut herein, "Verzeihung, lieber Ruckenzucker, ich hatte gedacht – weil doch die Höflichkeit..."
"Nein, nicht klopfen. Er soll ganz unvermittelt eintreten, ganz unerwartet, man soll eigentlich fast ein bißchen erschrecken über seinen Eintritt... verstehen Sie?"
"Aaah – *das* finde ich *sehr* gut... daß die erschrecken, wenn ich komme. Ausgezeichnet! Tolle Idee, Ruckenzucker! Also – ich komme nochmals...!"
Die anderen Schauspieler sprechen ihre Worte, das Stichwort Lockenschwärzers fällt. Lockenschwärzer stößt die Tür auf, heftig, jäh, pardauzend tritt er auf wie ein Kascher aus der Kiste, Pffrruzzda, steht Lockenschwärzer in der Tür. Die Probendekoration bebt. Alles blickt erschrokken auf und zu Lockenschwärzer hin. Der strahlt.
"Nein – nicht sooo wild, lieber Lockenschwärzer!" ruft der Regisseur schon zart genervt auf die Bühne hinauf. "Da schrickt ja das ganze Haus zusammen, wenn Sie wie ein Rammbock hereindonnern. Ich meinte..."
"Was sagten Sie? Das letzte habe ich nicht verstanden? Wie ein was?"
"Ein Rammbock! Da schrickt ja das ganze Haus zusammen..."
"Ein Rammbock!!!" lacht Lockenschwärzer! "Köstlich!

Was Sie immer für Vergleiche haben! Ein Rammbock . . . Wenn ich das, oh, wenn ich das in der Kantine erzähle . . ."
Lockenschwärzer lacht sehr. Ruckenzucker lacht ein bißchen. Seine Vergleiche sind schon komischer gewesen, weiß Ruckenzucker. Die Kollegen lächeln nur ganz leicht. Das Ritual läuft. Sie sehen es.
„Ja aber . . ., schrickt zusammen, das Haus schrickt zusammen, lieber Ruckenzucker . . . Sie *sagten* doch, man solle bei meinem plötzlichen, bei meinem unvermuteten, bei meinem, ich will es einmal so sagen, bei meinem so unerwarteten wie durch den bis dahin geführten Spannungsbogen des Dramas geradezu notwendig gewordenen abrupten Auftritt . . ., daß dabei die Kollegen doch erschrecken *sollten* . . . wie? Die sollen doch erschrecken – und deshalb habe ich . . ."
Und Lockenschwärzer schließt noch einmal die unselige Tür seines ersten Auftritts, um sie gleich darauf noch rasanter, heftiger, scheppernder aufzustoßen. Lodernden Blicks steht er im Türrahmen, seine schwarzen Locken sträuben sich. Ist das ein Auftritt? scheint der ganze Mann zu fragen. Und seine geblähten Nüstern geben auch gleich die Antwort: bei Gott, jaa, das *ist* ein Auftritt! So tritt nur ein Lockenschwärzer auf. Und wenn er auftritt, dann steht wer da, dann weiß man, hier wird das Drama eine Verknotung erfahren oder eine Schürzung oder sonst irgend so einen Quatsch, von dem die Dramaturgen immer faseln. Jedenfalls wichtig wird's!
Da lodern die Augen Lockenschwärzers. Er hat schon ganz vergessen, daß er eigentlich seinen Text gar nicht kann, so begeistert ist er von seinem Auftritt.
„Jaaa – erschrecken sollen die, aber leise erschrecken, kalt erschrecken. Das Herz soll ihnen stille stehen, daß Sie nun plötzlich da stehen; aber so würden die Kollegen ja nur wegen übergroßer Geräuschentwicklung von den Stühlen fallen. Dezent, lieber Lockenschwärzer, dezent. *Bitte!*"

Lockenschwärzer läßt abermals seine vollmundige Lache ertönen. „Dezent ist meine Spezialität, lieber Ruckenzukker, wissen Sie doch! Ich hatte nur gedacht, weil Sie von Erschrecken sprachen . . . Sie wollen also nicht heftigen Schreck, Sie wollen kaltes, jähes, stummes Entsetzen. Gut, ich mache das."
„Ja – aber auch wieder nicht zu . . .", ruft Regisseur Ruckenzucker noch kläglich auf die Bühne hinauf. Lockenschwärzer winkt ab. „Ich *mache* das, alles klar, habe verstanden. Bitte Stichwort – und Achtung, ich werde kommen."
Die Kollegen nehmen wieder ihre Plätze ein, leise grinsend oder auch ein bißchen voll ohnmächtiger Wut; sie sprechen die letzten Sätze vor Lockenschwärzers Auftritt. Das Stichwort fällt.
Und nichts geschieht.
Eine, zwei, drei Sekunden lang nichts. Dann aber, Ruckenzucker atmet eben tief ein, um „Auftritt!!!" zu brüllen, aber er muß nicht, denn die Türe . . . ja, öffnet sich. Langsam erst, ganz langsam. Dann plötzlich ein Stückchen weiter, jäh und plötzlich, und dann wieder ganz, ganz langsam. Lockenschwärzers Kopf erscheint um den Türrahmen herumgewunden, auch das ganz langsam. Lockenschwärzer späht nach links, blinzelt, späht nach rechts, scheint die Kollegen auf der Bühne nicht zu bemerken, tritt dann vorsichtig ein, dreht sich blitzschnell nach der Tür um, durch die er eben kam, blickt bei der noch einmal hinaus, wie um festzustellen, ob ihn nicht ein Hündlein in die Hose beißen will, schließt dann die Türe blitzschnell – es scheint also doch ein Hund draußen gewesen zu sein, und zwar ein großer, denkt sich der verzweifelte Ruckenzucker –, kommt aber nicht weiter, denn Lockenschwärzer strahlt (nach einem düsteren Blick aufs Bühnengeschehen) zu Ruckenzucker hinunter: „So hatte ich mir das gedacht, in etwa . . . Hab' ich Sie verstanden?"

„Nein!!! Nein – nicht ganz", stöhnt erst, röchelt dann verzweifelt Ruckenzucker zu ihm hin, „das würde dem Auftritt viel, *viel* zu viel Bedeutung geben. Ich meinte ganz einfach: kommen Sie leise herein, bleiben Sie vielleicht den Bruchteil einer Sekunde im Türrahmen stehen und schließen Sie dann die Türe. Weder übertrieben laut noch übertrieben leise. Einfach nur schließen. Und stehen. Und dann sagen Sie Ihren Text. Ja?"
„Meinen . . ." Lockenschwärzer schluckt. „Natürlich. Mach' ich. Also nur leise öffnen, *nur* einen Augenblick im Türrahmen stehen, nur leise stehen, dann nur leise schließen. Und . . . und meinen . . . Ja!"
Lockenschwärzer verschwindet wieder. Eine halbe, nein: dreiviertel Stunden vergingen seit Beginn der Probe. Die Kollegen beginnen wieder mit den letzten Sätzen, das Stichwort fällt, die Türe öffnet sich leise. Lockenschwärzer steht ganz einfach im Türrahmen, schließt leise die Tür hinter sich. Die Situation ist plötzlich spannend geworden, die Kollegen empfinden das, so muß der Auftritt vor sich gehen. Und Lockenschwärzer macht den Mund auf zu seinem ersten Satz . . . sagt:
„Aber – glauben Sie nicht, ich sollte vielleicht durch die andere Tür kommen?"

5. Oktober 1980

Das P funktioniert wieder

Das P funktioniert wieder. Das waren schlimme Wochen. Das P klemmte, sowohl das kleine wie auch das große. Na klar. Die beiden, das kleine und das große, liegen ja auf demselben Bügel. Derselben Taste. Hocken da übereinander. Warten, abgeschnalzt zu werden. Ppp! Wie Peng!
Und der Punkt. Der Punkt samt drüberhockendem Rufzeichen, der klemmte dermaßen definitiv, daß man ihn zu umgehen hatte, wollte man einen auch nur einigermaßen sinnvollen, angebünftelten Absatz zustande bringen, bei einem Brief etwa oder sonst was Geschriebenem. Aber umgehen Sie einmal den Punkt. Das sind so Reflexe, die einen Satz zu Ende gehen heißen. Dann nähert er sich seinem Schluß, dann weiß man, der Punkt klemmt aber doch, also schiebt man, Beistrich, um nur ja einen Punkt zu vermeiden Beistrich der einem nämlich Schwierigkeiten macht Beistrich die zu lösen nicht so simpel sind Beistrich denn mit einem Bleistift muß man entweder den Verklemmten wieder herausgraben aus seinem Versteck oder aber *Doppelpunkt:*
man hat hinterher, mit möglichst schwarzem Stift und feiner Feder, einen Punkt nach dem anderen hinzumalen, was aber auch eine irgendwie blöde und entwürdigende Arbeit ist, denn irgendwie ist man wie gelähmt, frustriert, immer Beistrich dazwischen Beistrich wie Sie sich denken können Beistrich die Hand zuckt zum Punkt, und das Hirn sagt nein und ewig sind die Reflexe unterbunden und das schadet ja bekanntlich dem Nervenkostüm ganz erheblich, immer dieses Hinzucken der Hand, immer dieses *Nein* des Hirns und dann hinterher die hündische Nachmalerei der Punkte sowie der eher selten einzusetzenden Rufzeichen *Punkt.*

Das tut wohl! Rufzeichen! Das Rufzeichen geht auch wieder. Eh klar.

Noch gemeiner scheint aber so ein halb klemmendes P zu sein. Das läßt sich sogar mit bloßem Finger wieder herauskletzeln, doch! Manchmal schwerer, manchmal auch wieder leichter, und darin liegt die Verführung, nein: *lag* die Verführung, das P, das gute, eben *doch* zu gebrauchen, einzusetzen, abzurufen. Wie will einer Paul schreiben, wie soll Paris angesprochen werden, und auch über den Punkt kann einer nicht schreiben, wenn er kein P hat, um Punkt zu hämmern! Also schlägt man das P ganz leicht an, ganz lächerlich leicht, will ihm bloß nicht zu nahe treten, dem sehr geehrten P, nein, aber wie denn auch, nur ein bissel so antippen, und dann geht schon alles, aber ja doch ... und schrumms, klemmt das Luder dann doch wieder, und so hast du lauter halbweiche, bloß so angedeutete P's, große und kleine, oder ein paar hingedroschene, ganz spontan abgerufene Peters und Pauls, Pfefferminze und Paternoster, aber hast auch schwarzfettige Finger vom Wiederundwiederherausholen.

Wieso sind die Hebel verbogen? Wie kann das geschehen, daß bei einer fünfzig oder sechzig Jahre alten Schreibmaschine mit dem volksliedhaften Namen *Erika* sich plötzlich zwei Zähne, nein, nicht verabschieden, sondern einfach zur Seite biegen? Was für einen Druck hat da wer unlauter und absolut unbefugt ausgeübt, auf die gesamte Tastatur womöglich, wie?

Und dann weiter, und an so was denkt ja niemand: Wer ist schon heutzutage noch neugierig in den Computerservicestellen, einer 55jährigen Erika mit feiner Zange auf die Sprünge zu helfen, in ganzen 65 Sekunden, die das dauert, das P hinzubiegen, den Punkt um die Ecke zu locken? Was kann man für 65 Sekunden sowie den Einsatz einer kleinen Zange denn schon verlangen? Und weiters, wer *hat* denn auch nur so eine kleine Zange lagernd, wo's doch

bloß noch Voll- oder Halbelektronisches zu warten gilt, sprich also: ganze Teile einfach auszutauschen, herauszuziehen, wegzuwerfen, neue einzubauen, den Computer, der die Fakturen schreibt, genüßlich anzuwerfen – und, hurrdiburr, irgendwas Geschmalzenes einzufordern? Also, mit der kleinen Flachzange geht das nicht, für 65 Sekunden kann man ja schließlich wohl eher schwerlich, wohl eigentlich doch kaum was Saftiges verlangen.
Also wird die 55jährige ungern aufgenommen. Also will man sich ihrer erst gar nicht, dann womöglich drei Wochen später annehmen.
Und nun das Gefecht. Und nun der Kniefall. Und nun die eindringliche Bitte, sich doch – womöglich! – der ältlichen Erika zu erbarmen. Und ihr mittels zweier Handgriffe die Zähne zu richten.
Die Fachleute schürzen verächtlich die Lippen. Sie zeigen ihre Goldzähne, ihre eigenen, die Fachleute, ja; beim leisen Grinsen werden die Goldzähne sichtbar. Die Fachleute lassen dich das Mitleid spüren, daß die bejahrte Erika deine Begleiterin ist und nicht der schnittige, steile Computer der jüngsten Generation, bei dem sich die Reparatur doch wenigstens ordentlich lohnt. Für den Reparateur. Die Fachleute . . .
Aber dann . . . Siehe da, aber dann gibt es einen alten Mann in der Maschinenwiederherstellungsmanufaktur, der hat ein Herz, und der hat vor allem das Wissen, wie man so einer alten Dame zu Leibe zu rücken hat. Mehr noch: Er hat ein wehmütiges Interesse. Ja, tatsächlich, das freut den alten Reparateur, nach langer Zeit wieder so eine richtige Fußgängermaschine in den Händen zu haben. Und als er dann erfährt, was die alte Erika schon alles, und wo sie schon überall, und unter welchen Bedingungen sie ihre Pflicht vorlaut klappernd erfüllt hat . . . Für derlei hat der alte Maschinenmechaniker Verständnis. Mehr noch, geradezu eine scheue Zärtlichkeit überkommt ihn, er lacht

leise glucksend in sich hinein. Er hat keine Goldzähne, die verächtlich strahlen könnten. Er hat eine kleine Liebe zu der alten Maschine, doch. Ein P muß sich doch hinbiegen lassen, ein definitiv klemmender Punkt samt Rufzeichen muß doch wieder seine abschließende, seine ausrufende Pflicht erfüllen können. Na, freilich werden diese kleinen, spitzflachen Zangen nicht mehr sehr oft gebraucht – aber da ist doch eine, aber damit könnte man doch . . . und wird man . . . und *hat* man auch schon prompt . . . so! Alles wieder in Ordnung. Alles wieder schreibbereit. Hat genau 65 Sekunden gedauert. Und kann natürlich nicht bezahlt werden, weil . . . mein Gott, was soll man da verlangen . . . machen wir uns doch bitte nicht lächerlich . . .
Also *wie denn?*
Also ganz einfach und fröhlich. Der alte Mechaniker nimmt die Einladung zu einem Glas Wein im Bistro um die Ecke an, doch. Und dann sitzt man, und der Wein ist nicht besonders gut, kann man nicht sagen, aber sie haben einen Zwiebelkuchen in dem Bistro, ungesund am Abend, aber durchaus wunderbar schmeckend, durch den wird der Wein erträglich. Und so trinkt man ein zweites Glas und schließlich ein drittes. Und der alte Mann, der *so* alt gar nicht ist, erzählt von den vielen Jahren und den vielen Schreibmaschinen und daß er schon in Schanghai Schreibmaschinen unter den Fingern hatte, und zwar chinesische, natürlich, wie denn auch anders, und *das* nun ist eine ganz besondere Art von Schreibmaschine, weil nämlich die Mechanik der chinesischen Maschine auf Schriftzeichen basiert, die ja ungeheuer viel Information in ein einziges Zeichen packen, und deshalb . . . Solche Sachen weiß der alte Mann.
Und dann zeigt er dir ganz deutlich, wie sehr er sich nach solchen alten, für schnittige Computerverhökerer „altmodischen" Maschinen sehnt. Weil die ihn wirklich brauchen,

wenn sie einmal streiken, weil da nicht einfach ganze Bausätze auszutauschen sind, sondern die Phantasie gefordert wird, wie man dem Übel, dem Gebrechen zu Leibe zu rücken hätte . . .
„Es ist wie mit den Fußkratzern. Die Leute fahren bloß noch. Keiner geht einmal bei Regen und nassem Boden durchs Gelände. Also wissen die Leute gar nicht mehr, was so ein Fußkratzer überhaupt ist, wie er früher an jedem Hauseingang zu finden war. Man konnte seine Füße, die voll Gatsch und dem einen oder anderen Hundedreck waren, abkratzen, das war das erste Stadium der Reinigung. Es klang ganz säuberlich, das Geschepper der Ledersohlen auf dem Eisen, wie eine kleine, saubere Glocke – und man war erst einmal das Ärgste los . . . Heute landet das erste, das Ärgste gleich auf dem Teppich im Eingang . . . weil's keine Fußabkratzeisen mehr gibt."
Sagt der alte Mann, der die Schreibmaschine heilt. Das P heilt und auch wieder die Endung heilt: den *Punkt.*

28. Januar 1990

HIMBEERCREME

DAS KIND WACHT AUF. Das Kind hat Hunger. Oder sagen wir einmal: Appetit. Einen „Gluscht", wie die Schweizer sagen. Im Kühlschrank steht noch eine ganz bestimmte Himbeercreme, die sollte gestern abend nicht mehr aufgegessen werden. „Morgen ist auch noch ein Tag . . .", und so. Was halt Mütter sagen, wenn Kinder dringend noch Himbeercreme bräuchten. Streng war die Mutter, sogar laut wurde sie, sprach vom ewigen Verfressensein übersatter Kinder.
Also: Nacht. Draußen kein Ton. Alle Vögel schlafen, alle Katzen gehen lautlos ihrer Wege, nämlich nach den Mäusen. Das Kind steht auf, läßt seine Pantoffeln Pantoffeln sein. Jetzt gilt es, Schlaftrunkenheit mit Gluscht möglichst leise zu verbinden.
Das Kind schleicht die Stiege hinunter, oder schleicht durch den Gang und biegt zur Küche ein, je nach der Geographie des Hauses halt, in dem ein Kind und eine Himbeercreme ruhen sollten.
Unter der Küchentür schimmert Licht. Das Kind verharrt, ein nackter Kinderfuß bleibt in der Luft stehen. Nächtliche Salzsäule. Aber da rührt sich nichts. Kein Ton ist zu hören. Niemand ist in der Küche. Wer sollte denn auch . . .? Der Bruder des Kindes ist bei der Großmutter. Nur die Eltern sind heute da. Und die Eltern schlafen. Eltern schlafen meistens. Wenn sie nicht „ausgehen". Dann statzt sich die Mutter auf, mein Gott, Kleiderschrank auf, Kleiderschrank zu, als gälte es, die Welt zu erobern mit einem einzigen Kleid.
Der Vater statzt sich nicht auf. Der hält sich sowieso für unwiderstehlich. Der Vater bindet sich eine etwas feinere Krawatte um – oder das, was er dafür hält –, und das muß dann langen. Der Vater . . . ach Gott, der Vater . . .

Aber die Mutter ist perfekt. Die Mutter ist streng – auch mit sich selbst. Die Mutter . . .

Das Kind drückt ganz leise die Klinke der Küchentür herunter – und schiebt die Tür auf – und da klirrt etwas, und da fällt ein Löffel zu Boden, und . . . und da sitzt die Mutter. Vor dem Kühlschrank sitzt sie.

Die Himbeercreme hat sie auf den Knien. Einen Finger schleckt sie ab. Die Mutter. Um zwei in der Nacht. „Morgen ist auch noch ein Tag . . .", hatte sie gesagt, streng, gestern abend. Aber Morgen ist mitten in der Nacht. Und die Mutter hat selber gerne Himbeercreme. Da schau her.

Und jetzt kommt's darauf an: Entweder ist das Kind ein hämisches Kind, ein verbittertes Kind, ein frustriertes Kind, wie man das heute zu nennen hat. Und die Mutter ist womöglich so, wie eben die Mutter eines *solchen* Kindes vermutlich sein wird: selber sauer, selber frustriert, wie man das heute zu nennen hat. Selber hämisch, wenn auch nicht dem Kind gegenüber, aber doch dem Geschäftspartner ihres Herrn Gatten – oder noch wahrscheinlicher, der Frau Gattin dieses Geschäftspartners gegenüber. Entweder haben Häme und Muff und Neid und Säure einen Platz in der Welt dieses Mütterleins und also auch ihres nachts um zwei „gluschtigen" Kindes. Dann wird die Mama dem Kind zuzischen: „Was machst *du* denn da? Was fällt dir eigentlich ein? Kinder haben nachts in der Küche nichts zu suchen. Mach sofort, daß du in dein Bett kommst . . . Oder wolltest du etwa . . . ??!"

Und das Kind?

Und das Kind wird sein Muatterl anstarren, und das Kind wird die Galle spüren, die eigene Galle, die Kindergalle, die gibt's nämlich auch, grün und bitter spürt das Kind seine Galle hochsteigen, „quaatsch" macht die Gallenblase und schüttet und schüttet aus. Das Kind wird ganz blaß, ganz weiß im Gesicht, fast grün, seine Augen werden schmal. Das Kind fühlt einen Säbel in seiner Hand, das

Kind sitzt auf dem Rücken eines wilden Pferdes, das Kind ist Dschingis-Khan, oder doch die Geliebte Dschingis-Khans, Attacke, wir werden diese Feinde zerhauen und zerstückeln, ssssst geht der krumme Säbel auf die diebische weiße Frau nieder, die da nachts in den Schatz Dschingis-Khans eingebrochen ist und die Himbeercreme – frißt, ja, *frißt*. Das ist das Wort, das dem Kind wütend und neidisch aus dem Mund zischt . . .
„Wieso frißt du die Himbeercreme???"
Und dann hebt Mord und Totschlag an. „Wie sprichst du mit deiner Mutter??" Dieser Text.
Oder aber:
Na ja . . . oder aber, da steht ein Kind in der Tür, im zu kurzen Nachthemd oder auch im zu langen Nachthemd, je nachdem, wie das Kostüm unserer Szene eben paßt oder gewünscht wird. Verschlafenes, „gluschtiges" Kind. In der Tür. Und die Mutter, ja, die gute Frau Mama. Im garantiert nicht zu kurzen – oder eben: absichtsvoll sehr kurzen – Nachthemd, nicht einmal einen Schlafrock übergeworfen, nicht einmal den schönen, neuen, japanischen Kimono, nix. Sondern „Gluscht" mitten in der Nacht, Muttergluscht, der klebrige Löffel am Boden und der Finger im Topf und allerhand Himbeercreme in den Mundwinkeln. Und da muß die Mutter losprusten. Und da giggelt das Kind ein hohes, zwitscherndes Lachen hinterher. Und da schauen sich Mutter und Tochter an und haben beide Gluscht und haben sich ertappt und wissen auf einmal ein ganzes Stück mehr voneinander. Aber das haben sie ja schon immer gewußt, klar. Das Kind weiß doch, daß die Mutter eine Naschkatze ist, eine Mama, die durchaus auch frech mit zweierlei Maß mißt, „quod licet Iovi non licet bovi", aber das nun auf Kuhkalb und Minerva oder Pallas Athene umgemünzt, oder wie halt die Bildungssprüche so anwendbar sind unter Müttern und Töchtern.
Also Lachen. Also das Ertapptwordensein genießen. Also

hocken sich beide in ihren zu kurzen oder zu langen oder perfekten Nachthemden hin und stecken wechselseitig den Finger in den Himbeergatsch und schlecken und schlürfen und grinsen und prusten, und der sehr geehrte Herr Vater wird halt eben keine Himbeeren mehr bekommen, sondern mit Kaffee vorliebnehmen müssen, wenn's ans Dessert geht.
So auch der Mensch.
Will sagen: unsere Väter. Unsere Mütter. Zu denen wir Kinder aufschauen beziehungsweise in ärgerlichem Respekt verharren beziehungsweise in zorniger Ohnmacht gehorchen sollen. Wenn sie nämlich qua Finanzamt zu uns herabgelangen.
Unsere Väter. Und Mütter. Die Bolliddigger. Und Bolliddiggerinnen. Die Menschen – nein, nicht draußen im Lande, sondern drinnen, im Hohen Haus. Wehe, wenn wir die bei der Himbeercreme ertappen. Tagsüber oder nachts. Ist ganz Wurscht.
Ahaaa . . . so glimmt's in uns auf. Und so glimmt's vor allem bei den absolut keimfreien, vollkommen grundsauberen, durch und durch wohlwollenden und die Unwahrheit verabscheuenden Periodica auf. Ahaaa . . .
Da lügt einer. Da schlabbert einer nachts an der Creme herum. Da sagt einer tagsüber, er wisse gar nicht, was Himbeercreme sei. Himbeer? Was ist Himbeer? Und dann aber . . . In Wirklichkeit . . .
Das tut uns wohl. Das tut der täglichen Zeitung aber gar nicht wohl. Die schäumt auf. Auch die Television legt den durch und durch sauberen Finger auf die Wunde, aus der der Himbeersaft quillt.
Und zweierlei Maß ist angesagt. Und wir wollen es weiter oben sauber haben. Und wir müssen doch verlangen dürfen, daß der, der die Maßstäbe vorgibt im Hohen Haus, durch den Beschluß der aberwitzigsten Gesetze – „die sind ja blöd, wissen wir auch, sind unrealistisch, aber bollid-

disch, verstehen Sie, wir müssen da rein bolliddisch, wählermäßig, wahlkampfmäßig, müssen wir das Gesetz eben so und nicht anders ‚duachbringen'. Sonst wird man uns vorwerfen, wir dächten nicht an . . . Aber natürlich ist es ein hirnrissiges Gesetz. Aber bobuläa . . . Bolliddisch."
Diese Gesetze. Die unsere Maßstäbe zu sein haben. Die man über uns herabkommen läßt. Die von unseren Vätern und unseren Müttern und unseren Verwaltern gemeinsam ausgekocht werden. Die machen es, daß wir zähneknirschend unsere Oberen nicht mit dem Finger in irgendeiner Creme ertappen wollen.
Weil die nämlich dann nicht lachen können. Mit denen kann man nicht – nein! Die beteuern, die Creme sei gar keine Creme. Vielmehr – na, sagen wir halt: eine Lebensmittelprobe. Sie unterzögen sich eben – unter einer gewissen salmonellären Lebensgefahr – einem Experiment. Unterzögen sie sich. Fürs Gemeinwohl.
Und das – und das müssen wir immer glauben. Oder lachen.

23. Mai 1993

Jeder auf seinem eigenen Boden

Es ist nicht so furchtbar schwer, einen kleinen Triumph abzusondern, ein kleineres Rechtgehabtgefühl freizulegen, angesichts der tausend und tausend und mehr Bürger der DDR, die viel riskieren und alles aufgeben, um aus ihrem Land auszureisen. Wegzugehen. Hinter sich zu lassen. Alles. Zuhause. Arbeit. Einkommen. Krankenversicherung. Verwandte. Eltern. Geschwister. Den Boden des Wohnzimmers, den sie kennen. Das Holz dieses Bodens, das bei der Eingangstür die Farbe gewechselt hat, wo immer kurz verharrt, kurz stehengeblieben wird – erst einmal muß man ja die Türschnalle in die Hand nehmen, die Tür muß sich öffnen, man geht einen kleinen Schritt hin und her, das Holz, honigfarbenes, altes Holz, verliert dort, an der so benützten Stelle, seine Farbe, wird grau, wird leise eingetreten, abgewetzt ... Macht nichts, das ist unser Leben, da sind wir gegangen, da sind die Kinder gegangen, sie waren immer ungeduldig, durch die Türen zu kommen ... Graues Holz, abgewetztes Holz das ist *Zuhause*, daran erkenne ich, wo ich bin, durch *die* Tür möchte ich noch oft gehen ...
Das alles hinter sich lassen?
Selbstverständlich: Das ist nicht so wahnsinnig schwer, hier zu schnüffeln, hier zu verweisen, hier alles zu bemerken und ganz genau zu wissen, was es denn wohl sein könnte, das die von da drüben bewegt hat, so viel zu riskieren. Und je einfacher es scheint, einen kleinen, läppisch selbstgedrehten Triumph auszukosten – mein Gott, wie blöde, wie simpel –, je einfacher das scheint, desto genauer sollte man vielleicht hinsehen. Hinhören. Und seine kleinen, seine eigenen klein gebliebenen Phantasien in Bewegung setzen hinsichtlich des Wagnisses – ja, ich weiß, ein großes Wort, kann geschwollen klingen, ist mir egal, ich sag's noch mal: ja hinsichtlich des *Wagnisses*, auf einmal

aus den Häusern der Resignation zu kommen und sich auf der Straße zu treffen. Sich da wiederzufinden mit Tausenden und Tausenden anderen, die sich bei den Händen nehmen, die zu singen beginnen oder – man denke, was *die* sich trauen –, oder zu beten, mitten auf der Straße, mitten auf dem Platz. Gar nicht aufdringlich, nicht wichtigtuerisch, davon kann gar keine Rede sein. Geht auch viel einfacher, geht auch mit stummem Dasein, geht auch mit einem politischen Transparent, geht auch mit ein paar gerufenen Parolen. Doch, geht auch: wenn die Parolen stimmen, wenn sie der eigenen Not, der aufgestauten Wut, der hingehaltenen Verzweiflung entsprechen.
Das sieht sich leicht und leichtfertig an von hier aus. Dem läßt sich zusehen. Da gibt's ein paar Botschaften, die werden okkupiert und bieten sich tränenreich den Kameraleuten dar. Seht her, selbst unsere Gänge, selbst unsere gesetzlich geschützten Badezimmer sind von Asylwerbern besetzt, und wo machen wir, die aufopferungswilligen Botschaftsangehörigen, jetzt Pipi, wenn überall die Flüchtlinge wohnen?
Das kann es ja wohl nicht sein. So einfach, wie die Sachen sich in der Zeitung lesen, sind sie ja wohl doch nicht.
Warum redest du von abgewetztem Holz an der Wohnzimmertür? Warum ist von einem so abgelutschten Begriff wie *Zuhause* die Rede? Was soll das? Wessen Tränen sollen denn gequetscht werden?
Nichts davon!
Einfach die Phantasie in Gang setzen. Sich vorstellen: Ich riskiere, ich wage, endlich einmal wage ich – und spreche aus. Sage. Halte nicht mehr hinterm Berg. Die Vorsichten, die kleinen, stinkenden Vorsichten, mit denen ich aufgewachsen bin, die mein Leben begleitet haben, lasse ich verkommen. Streife ich ab. Lasse ich weg.
Ich bin drum noch kein Pfadfinder. Das hohe Lied vom braven Mann ist auf mich *nicht* anwendbar. Sondern: Ich

drücke mich aus. Ich weiß, alle meine „Verbindungen", alle meine wichtigen Bekannten, alles, was ich mir – bewußt und schlau oder unbewußt und bloß so vor mich hin – „aufgebaut" habe, mit was für brüchigen Ziegelsteinen auch immer: durch dieses mein Auf-die-Straße-Gehen ist das auf einmal, blitzschnell, ganz plötzlich, ausgetreten. In die Erde gewalzt. Ausgelöscht.
Ich weiß: Gehe ich da mit, lasse ich mich da sehen, dann brauche ich nicht mehr viel zu erhoffen, dann bin ich hierzulande nicht mehr so grata, persona, wie ich mir eingebildet habe. Die Funktionäre sind leicht zu beleidigen. Wer seinen wichtigen Platz endlich, ach endlich ergattert hat, will da oben nicht gestört werden. Will nicht belästigt werden mit den Schwierigkeiten der Bevölkerung. Wie bitte? Die wollen ihr *Recht?* Was ist das? Wir haben auch unsere Probleme, also wirklich!
Die oberen Stockwerke haben Tag und Nacht Angst. Und gegen diese Angst setzen sie die Verachtung ein. Den Hochmut. Das Vorzimmer. Die Macht scheint süß zu schmecken. Den will ich nicht mehr sehen, den will ich wegtreten aus meinem Weg, der sich auf die Straße wagt und an meiner Macht herumnörgelt.
Also Gewalt. Also stille Gewalt auch. Also mundtot machen. Also das Licht abdrehen. Also das Telephon überwachen lassen. Also die vielen nachdrücklichen Nadelstiche, die das Leben, die das Gehen und Stehen und das Auftreten auf dem Boden unmöglich machen.
Also die Kälte der Machtausübung.
Und dem mußt du dich erst einmal *wirklich* stellen. Wenn du weißt, du hast keinen Paß. Und bekommst auch keinen. Hast eine Wohnung. Wirst die aber verlieren, wenn du . . . Hast Arbeit. Aber da gibt es ja noch andere Tätigkeiten, die du annehmen *mußt*, die man dir zuweist, wenn du nämlich nicht . . .
Das sieht alles so herrlich heldenhaft aus. So mutig. So

entschlossen. *So* läßt sich's doch wohl dastehen vor sich selbst, wenn man so mutig, so ungebrochen, so aufmüpfig ist. Herrlich. Das gibt Auftrieb. Das ist Lebenskraft. Da würde ich doch auch gleich . . .
Ja. Von hier aus. Vom derzeit gerade einmal wieder etwas sichereren Punkt aus.
Und wie leicht ändert sich das? Wie blitzleicht und schnell ist diese unsere hochgerühmte Freiheit ein feuchter Lappen, gerade gut genug, die Ecken damit auszuwischen? Wie arg schnell bejubeln wir an den anderen, was wir selber nie zu Ende dächten. Groupies der Verzweifelten wünschen wir zu sein. Wir wollen *auch* ein bissel was in unsere biederen Ecken retten von dem Risiko, das dieses Volk eingeht, das seiner Regierung wegläuft.
Ja, das wäre wohl schön, könnte man das zuweilen mit einem richtigen, wahrhaftigen Ziel: seiner eigenen Regierung weglaufen. Soll sie doch sehen, was sie ohne den Bürger macht, auf dessen Schultern sie steht, eingegraben, in dieses Schulterfleisch gewachsen *steht*, immer drüberweg blinzelnd, immer besser wissend, was not tut und vor allem: wie's gemacht wird.
Plötzlich gibt es keinen Untermann mehr.
Plötzlich muß jeder auf seinem eigenen Boden stehen.
Plötzlich wird der Opportunismus für ein paar Wochen kleingeschrieben, weil er dümmlich geworden ist, dümmlich und wegen größerer Feigheit abgesagt.
Ja: abgesagt!! Die offiziellen Manifestationen, die Treueschwüre, die Aufmärsche sind auf einmal *abgesagt*. In den Fenstern brennen Kerzen. Auf den Straßen fassen sich die Menschen, die Bürger, pardon, an den Händen. Und leben auf.
Leben auf.

12. November 1989

Dank für Eberhard Fechner

Die Sonne wandert durch den Nussbaum. Eben war sie noch hinter dem tiefhängenden Ast südlich; jetzt hat sie den Baum halb umrundet und kommt von Norden. Eine Meise steigt in den Büschen auf und nieder und kommentiert das ununterbrochen, wie eine alte Frau, die mit sich redet, wenn sie der Katze zu trinken gibt oder den Besen ermahnt, er solle sich gefälligst nicht verstecken.
Keine Idylle, nein. Zeit, die verstreicht und die sich hindreht mit der Erde, und Gedanken über den kleinen Garten hin, zu Eberhard Fechner. Der ist tot, der ist vor zwei Tagen gestorben. Der saß vor ein paar Monaten noch hier, genau hier auf diesem Stuhl, an diesem Tisch, und lachte über die Meisen und roch am Koriander im Brot des Bäckers Meier. Keine Idylle. Kein „Gestern noch war er . . .", sondern einfach Sprachlosigkeit. Gedanken zu ihm hin, einem Freund, einem stillen, wirklichen. Gedanken zu einem, der sich freuen konnte – und das können wenige. Der leiden konnte und aus diesem Leiden den Unterschied zwischen Geschäftigkeit und Arbeit lebte, seit langem, seitdem er krank war an seinem Herzen.
Eberhard Fechner, der durch seine Filme Geschichte gemacht hat im deutschsprachigen Fernsehen, das gewiß. Und wenn Sie mir jetzt überhaupt noch zuhören bei diesen Gedanken an einen Freund, dann werden Sie den Namen Fechner mit Filmen wie „Klassenphoto" verbinden, wie „Damenstift", „Erinnerung an Klara Heydebreck", „Comedian Harmonists", „Wolfskinder", „Tadellöser und Wolff", die Trilogie nach Kempowskis Romanen – Filmen, in denen allemal der Mensch mit seiner Not, seiner Hilflosigkeit, seiner Komik – auch der unfreiwilligen –, mit seiner Grausamkeit, seiner Leidensfähigkeit im Mittelpunkt stand. Der Mensch.

Ich habe ihm zu danken, dem Eberhard Fechner – und ich sag's jetzt einfach so und ohne Girlanden: Wir alle haben ihm danke zu sagen.

Dank für seine Phantasie. Dank für seine behutsame, aber unerschöpfbare Neugier. Dank für die Genauigkeit, mit der er nachschaute und roch und fragte und überprüfte und in Frage stellte. Sich selbst eingeschlossen in diese mitleidende Unbarmherzigkeit, mit der dieser Eberhard Fechner auslotete und den Grund ertastete und den Untergrund fand. Was er fand, was er erspürt hatte, zeigte er nicht platt und reaktionslos her. Jedesmal hob er seinen Fund in eine neue Wirklichkeit – durch den Filter seiner Persönlichkeit. Und das ist es ja wohl, was man Kunst nennt.

Nicht nur in seinen wunderbar anrührenden dokumentarischen Filmen, die manchmal leicht waren wie ein Spiel, das seinen Regeln nachging, Schritt für Schritt. Leicht, ja – und dabei gehen sie tief, diese Filme, kommen daher wie eine Spindel, die aus dem Himmel auftaucht und sich an uns vorbeidreht, verführerisch, saugend, in einen Grund sich bohrend, von dem wir gar nichts geahnt haben.

Nicht nur da, wo er der Wirklichkeit des Aufgefundenen den Glanz seines Herzens und seiner Meisterschaft zubilligte, nicht nur da; auch in seinen Spielfilmen spürten wir, wie er hingehört hatte, hingesehen, abgewartet, lachend (weinend vielleicht auch), strahlend jedenfalls, *bestrahlend*. Und das müssen sie wohl, die Regisseure, wenn sie Leben zurückbekommen wollen – für ihr eigenes Leben, das sie ja herzugeben haben. Stück für Stück für Stück mit jeder Arbeit, die sie durch eine oft langhin blutende Nabelschnur ernähren mußten. Und auch tatsächlich ernähren.

Die Kraft, die Eberhard Fechner hergab für das Besondere, für das Behutsame, für die verantwortungsvolle Genauigkeit seiner Arbeit – diese Kraft nahm er aus sich, aus sei-

nem Herzen, und siehst du, auch so kann man sein Herz erschöpfen. Und das ist nicht eine sinnlose Verschwendung.
Dabei war er behutsam. Unerbittlich in dem, was er als wesentlich erkannt hatte. Er konnte erkennen, offensichtlich erspüren und – ja – riechen, wie sich das sogenannte Wesentliche hinter den Büschen versteckt hält.
Er war genau, der Eberhard Fechner, wie ein Arzt genau zu sein hat. Oder ein Priester. Oder einer, der sich vor ein Orchester stellen muß und mit dem gemeinsam nun etwa Bach im Sinne hätte. Oder Mozart.
Wer da nicht genau sein kann, aber: unverkrampft dabei, aber: leicht, aber: heiter von innen her – und eben doch mit allem Gewicht –, der wäre allerdings ein Scharlatan. Einer mehr. *Noch* einer, der unser Bewußtsein durch eitle Sorglosigkeit verklebte und plaudernd kommentierte.
Der träumte ja! Gott sei Dank, ja! Der hatte das nicht verlernt, das Träumen. Er träumte, und wir wachten auf, und die Wirklichkeit war da und war geworden. Und hatte einen Sinn.
Seine Ernsthaftigkeit war gehärtet durch seine Verantwortung. Durch sein Bewußtsein und seine Kenntnis von Verantwortung. So war er nicht „angenehm" für so manchen Funktionär und Kunstverwalter. Er war nicht „nett". O doch – er konnte wohl mit Menschen leben und mit Menschen umgehen. Aber er unterwand sich nicht in Geschicklichkeiten. Nie!
Deutschland und Österreich und auch die Schweiz haben Eberhard Fechner viel zu verdanken. Wissen diese Länder das? Wenn man je von Fernsehkultur in Deutschland sprechen konnte – und in Österreich, das ja fast alle Filme Fechners gezeigt hat –, wenn ja, dann waren Fechners Arbeiten ein tiefes Fundament, auf dem das Fernsehen nicht schlecht bauen konnte. Allerhand Hütten haben die auf diesen kostbaren Fundamenten und Grundmauern ge-

baut: achtlos hingeklotzte Prunkzelte, lieblos und zynisch zusammengeklebte Fertigteilfernsehbuden aus zweiter und dritter Hand. „Aber" – so sagten sie, wenn sie sich zu Rechtfertigungen aufplusterten –, „aaaber – wir haben doch auch den Fechner. Und wenn *solche* Filme nicht unseren Kulturauftrag erfüllen – was denn sonst??"
Ja, tatsächlich; den gab es eben auch: den Fechner. Auf so was konnte man sich berufen. Eine Vorzeignische. In der durfte er werkeln.
Eine einzige Arbeit will ich noch nennen, mit der Fechner ein Jahrhundertdokument geschaffen hat: der Majdanek-Prozeß. Diese Filme wurden zwar gezeigt – auf allen Kanälen –, aber zunächst einmal versteckten sie sie in Deutschland, unter allerhand schleimigen Argumenten erstickt, spätabends in den dritten Programmen, während auf den ersten und zweiten Schienen die wichtigen, blondgelockten Shows mühsam ins Keuchen kamen. Armselige Argumente würgten die Machthaber heraus, um diese Sendung zwar noch zu zeigen („Kulturauftrag", Ausrufezeichen!), aber eben doch so, daß nicht allzu viele mehr zusehen konnten, weil zu spät, weil zu abseits.
Majdanek-Prozeß! Danke, Eberhard, für Deine Filme über diesen Prozeß, der die Banalität, die bestialische Beiläufigkeit, das ganz Gewöhnliche, selbstverständlich Gewordene, sich selbst Genügende des Bösen zeigte. Das sorgfältige Morden der kleinen, engstirnigen, verklemmten und darum so grausamen, herzlich sentimentalen Spießbürger, die die Nazis in all ihren Verkleidungen immer waren. Und in all ihren forschen Verkleidungen auch heute noch sind und schon wieder zu sein versuchen.
Als man hierzulande noch „Wie bitte, was haben wir damit zu tun?" mauschelte, hat Theodor Heuss als Bundespräsident der damaligen deutschen Bundesrepublik das Wort von der kollektiven Scham, der notwendigen kollektiven Scham gefunden. Eberhard Fechner hat durch seine Fil-

me über den Majdanek-Prozeß diese Scham wachgehalten.
Er war beschützt, der Fechner. Durch seine Lauterkeit. Er war beschützt durch seine Frau Jannet, die seine Geduld auf eine ungewöhnliche Weise zu der ihren gemacht hatte. Osmose der Geduld. Das gibt Sauerstoff.
Menschen wie Fechner sollten beschützt sein durch die, für die er arbeitete. Beschützt durch die, die seine Arbeit bestellten. Erschrocken begleiteten. Verwerten. Wieder verwerten. Noch einmal verkaufen. Abermals verwerten. Und sich dabei nicht ungern rühmen, daß *sie* ja einem wie Fechner Gelegenheit gegeben hätten. „Ohne unseren Auftrag hätte er ja nie . . . oder?"
Ja, so kann man es auch sehen. Aber es ist die Pflicht der Kunstverwalter und die Pflicht der Machthaber und die Pflicht der auftraggebenden Hauptbuchführer: die zu schützen, denen Wärme zu geben, denen das gefährlich mühsame Leben des Erfindens, des Erträumens leichter zu machen! Die zu lieben – ja, ich traue mich das Wort auszusprechen –, denen Liebe entgegenzubringen, die ihnen ja all das erfinden und erarbeiten und finden und sammeln in ihrem Wald, was dann vorgewiesen und verhandelt werden kann.
Eberhard Fechner war so weit weg von der geschickten Hurerei unserer Tage – und so tief mitten drin in unserer Zeit.
Besonderer Mensch, lieber Eberhard –
Danke.

16. August 1992

Niemandsländer

Sie spricht ganz leise, die alte Frau. Ihre Stimmbänder müssen irgendwann einmal zu große Anstrengungen hinter sich gebracht haben. Die Erschöpfung, die nachher kam, währt dann wohl ein Leben lang.
Die Müdigkeit ihres Instruments nimmt aber nicht die Spannung aus der Stimme, nimmt eher alles Scharfe, alles, was je in einer Stimme kreischen kann oder scheppern oder kehlig quetschen.
Sie spricht leise, setzt sich nicht immer durch, wenn das Gespräch um sie herum ganz an die Oberfläche schwappt, also ohne Schaden laut wird, wie es halt zugeht, wenn einer dem anderen das, was er für das Zuckerstück einer Erzählung hält, wegschnappen will.
Dann geht die Stimme der alten Frau unter. Dann sieht sie nur noch zögernd von einem zum andern. Wartet auf eine kleine Pause oder wartet auch überhaupt. Hat keine Eile, was zu sagen, hört zu oder hört weg.
Dann sind die Zuckerln und Pointen gegessen und vergeudet, dann sind die kleinen Erschöpfungen im Gespräch. Dann beginnt sie wieder zu sprechen und legt mit der Behutsamkeit ihrer Stimme ihre Vermutungen und Bemerkungen vor.
Sie beginnt zu erzählen. Berichtet langsam und zögernd, aber ganz genau, und das Zögern gilt nicht dem Unvermögen, die Worte zu finden und die Erinnerung zu formulieren. Es gilt eher dem Thema und dem Inhalt ihres Berichts, dem sie sich in behutsamen Kreisen und Spiralen nähert. Wohl, um nicht zu schnell die Oberfläche zu durchstoßen.
Die alte Frau erzählt von einem Freund, den sie vor vielen Jahren kannte und den sie daran hinderte, sich selbst zu töten.

„Du hast ihn einfach erwischt, als er sich gerade ...", fragt einer im Zimmer, der das Zuhören nicht zu Ende bringen kann und hurtig sich selbst beweisen will, wie gut er beim Thema dabei ist, wie aufmerksam und wie begierig, die Sache voranzutreiben.
„Nein, erwischt hab' ich ihn nicht. Man kann nicht jemanden ‚erwischen', wenn der sich gerade aus dem Leben herausnehmen will. Ich kam zu ihm, und er wußte nicht einmal, daß ich in der Stadt war. Ich kam zu ihm, und er hatte seinen erwünschten Tod auf zweierlei Weise an sich zu fesseln versucht. Er hatte alles getan, um diesen Tod sicher nicht entschlüpfen zu lassen. Mit der Umsicht und Genauigkeit eines schweizerischen Versicherungskaufmanns wollte der den Tod festbinden – und ich kam ihm dazwischen."
Die Frau vermied es, den Dunst und das Tatütata dieses verhinderten Todes heraufzuschwätzen. Es ging nicht um die Einzelheiten.
Wie genau kann man und wie zufällig geschieht dann und was sagte der Arzt und wie schnell war man im Spital und was hatte der Freund denn eigentlich für Ursachen, und wie hatte er es anstellen wollen, sich zu verabschieden ...
Nichts von dem allen war in der Erzählung der Frau.
Nur, daß der Freund im Spital, als er in seinem Tod unterbrochen, aufgehalten, von ihm zurückgeholt und wieder ins Leben gelotst wurde, nur daß der Freund da, als er sie erkannte, unendlich traurig gefragt habe: „Warum hast du mich zurückgeholt? Warum hast du das zugelassen?"
Und sie, die Frau, habe sich Jahre hindurch gefragt, ob sie das Recht gehabt habe oder vielleicht sogar mehr als das Recht, diesen Mann sein Vorhaben nicht zu Ende führen zu lassen. Ob das überhaupt einen Sinn gebe, daß jeder eine Sache von einer, nämlich von seiner Seite aus, sehe, natürlich nur von seiner Seite aus, und trotzdem schon die

Berechtigung verspüre, zu wissen, wo der andere hinwolle. Einzugreifen in Vorgänge und Ereignisse, die unwiederbringlich sein müßten – und banalisiert würden durch täppisches oder auch behutsam gemeintes Dazwischenfahren.

Sie habe den Mann dann allerdings viele Jahre später wiedergesehen, sagte die alte Frau mit ihrer leisen Stimme, sehe ihn heute noch manchmal, eigentlich immer wieder, und er scheine glücklich und notwendig zu leben.

Das war das Wort, das die alte Frau brauchte. „Der lebt ganz notwendig" – so sieht es jedenfalls aus.

Und jetzt könnte sie sich ja die Antwort geben, daß es richtig war und, wenn man sich so eine Überlegung erlaube, sogar gewollt und von woanders her gelenkt, daß sie gerade zu dem Zeitpunkt in die Stadt gekommen sei und an seiner Wohnung geläutet habe (denn damals habe keineswegs jedermann ein Telephon gehabt) und eingetreten sei, als sie bemerkt habe, daß die Tür gar nicht geschlossen war – und dann eben habe sie ihn gefunden.

Und trotzdem. Sie fühlte sich noch weniger sicher als früher, als sie nicht wußte, was aus ihm geworden war, weil der Krieg dazwischengekommen war.

„Das hast du mir nie ... Ich hab' jetzt die ganze Zeit nachgedacht und mich zu erinnern versucht, aber ich weiß jetzt: das hast du mir nie erzählt", sagte der Mann der alten Frau.

Er schien ganz verwirrt, und irgend etwas war auch ein wenig aufgebracht und beunruhigt. Das waren doch immerhin Ereignisse in der Vergangenheit seiner Frau, die nicht alle Tage vorkamen, die er nicht so ohne weiteres vergessen haben konnte, weil so viel Ähnliches, Verwechselbares auch geschehen war.

Er schien sich ausgeschlossen zu fühlen aus einem Winkel, den seine Frau besaß und von dem sie wußte. Das Gesicht des Mannes war aufgebracht wie nie an dem Abend, ein

Gewure von kleinen, unruhigen Rebhühnern ging über die Stirn und um die Augen herum. „Das hast du mir nie erzählt! Ich hab' diese Geschichte von dir heute zum erstenmal gehört und . . ."
Ein Ehepaar. Eines, das alles voneinander zu wissen glaubte. Und das ganz ohne weiteres; mit Recht. Mit der Erfahrung, der eine. Der andere. Die beiden.
Die Geschichten, die sie gemeinsam. Die Geschichten, die er früher, vorher. Die Geschichten, die sie . . . Damals . . . als wir uns noch gar nicht, als wir uns erst ganz wenig . . . Geschichten.
Die Ereignisse ihres Lebens, die, die mitteilbar waren – einander und dann noch einmal aus den Schränken und den Einmachgläsern der Erinnerung herausgeholt für andere. Die zitierten Geschichten, bei denen sie sich möglicherweise zuweilen die Stichworte lieferten, liebevoll einander erinnernd und draufbringend auf die beste Startposition, dann vielleicht auch eifernd: „Jetzt laß mich doch, immer willst du mir . . . Also bitte, dann erzähl du . . ."
Die Ereignisse ihres Lebens, die mitteilbar und zitierbar waren, hießen „die Geschichten". Die kannten sie voneinander.
Die alte Frau konnte mit ihrer leisen Stimme viele Geschichten auch sehr pointiert erzählen, ihnen unerwartete Wendungen abverlangen und so eine Kunst beherrschen, die in diesem Lande sehr begehrt und auch sehr geschätzt war.
Warum also nicht auch diese Geschichte? Warum kannte sie der Mann nicht? Ein bißchen Ratlosigkeit war in seinem Gesicht. Kränkung?
Nein, keine Kränkung.
Er erschrak eher, weil ihm wieder zu Bewußtsein gekommen war, daß da Niemandsländer in der alten Frau waren, die er nicht betreten hatte. Sie waren ihm nicht verboten. Sie standen nur nicht offen. Wenn es einen Schlüssel gab,

dann hatte er ihn nicht. Und er wußte, und alle wußten plötzlich, die diesem kurzen, verwirrten Wortaustausch des alten Ehepaares zuhörten: auch wenn die alte Frau die „Geschichte" erzählt hätte, sie wäre nie eine Geschichte geworden. Der Schlüssel hätte in dem Augenblick nicht mehr gepaßt, in dem sie ihn freiwillig hergegeben hätte.
Die Gewißheit, vom anderen alles zu kennen. Der Anspruch, von ihm alles längst erfahren zu haben und neue Erfahrungen nur noch gemeinsam und aufeinander zu zu machen. Das war plötzlich nimmer so absolut gewiß, wie der Mann es offenbar als ganz sicher in seinem Besitz gewähnt hatte. *Alles* wußten sie nicht voneinander. Ohne etwas voreinander zu verheimlichen. Manchmal war die alte Frau im Niemandsland. Und weil ihre Stimme leise geworden war, hörte man nicht, was sie dort sprach. Und mit wem.

15. Februar 1981

Warst du der Rabbi Hillel?

Rabbi Hillel, dem grossen, weithin gerühmten, dem weisen Rabbi Hillel, der verehrt wurde von seinen Schülern und Anhängern und der doch ein ganz bescheidener, stiller Mann geblieben war zeit seines Lebens, dem Rabbi Hillel gelang es, wie die Chassidischen Legenden berichten, für einen kurzen Augenblick aus dem Jenseits zurückzukommen. So stark waren seine spirituellen Kräfte, so tief war seine Frömmigkeit, daß ihm solches – ja – erlaubt wurde.
Er lag auf seinem Sterbebett. Auch die großen, weisen, ganz verinnerlichten, heiligmäßigen Lehrer sterben eines Tages. Seine Schüler, seine Anhänger rings aus dem ganzen Land waren gekommen, um Abschied zu nehmen. Sie standen stumm betend um sein Bett und sahen, wie das Gesicht des Rabbi Hillel heller und heller, strahlend wie ein Licht wurde. Sein Atem wurde klein und immer kleiner, aber von innen her leuchtete der Rabbi, daß das Zimmer strahlte und gleißte und geradezu funkelte.
Auf einmal schlug der Rabbi die Augen auf und begann zu sprechen. Nicht laut, aber ganz und gar verständlich. Er sagte:
„Es ist alles ganz anders, das darf ich euch sagen. Ich habe gehört, was Gott in der strengen Prüfung fragt. ‚Wer warst du?' fragt er. ‚Wer hast du dich bemüht zu sein?' Und wenn die Geprüften anheben, ihre guten Vorsätze und ihre Absichten und ihre Mühe darzulegen, dann sagt der Vater von uns allen:
‚Nein – du mußtest nicht Abraham sein. Und nicht Moses. Du mußtest kein Heiliger sein. Sondern: Warst du der Rabbi Hillel? Bist du der gewesen – der Rabbi Hillel? So geht die Frage in der anderen, in der wirklichen Welt!'"
Und als er das gesagt hatte, löschte das Licht des Rabbi Hillel ganz still, in einem wunderbaren Schein aus.

So geht die Legende der Chassidim.
Sie ist nicht schlau zu kommentieren. Nicht zu bewehrweisen. Sie trennt das Wichtige vom Unwichtigen. Sie liefert kein Rezept. Sie verlangt mir etwas ab. Ich muß mir klarwerden über etwas. Ich muß wohl damit anfangen.
Es gibt jetzt gar kein „apropos . . ." Die Moral von der Geschicht *ist* die Geschicht.
Vor ein paar Wochen kam ich mit jemandem ins Gespräch, der ganz genau wußte, daß er zu Weihnachten nicht zu Hause sein würde, nicht unter einem eigenen Weihnachtsbaum zu sitzen käme, nicht die liebevolle Wärme eines Familienweihnachtsfestes erleben würde – und auch nicht die anstrengende Freundlichkeit für einen Abend, die das mißverstandene Fest, „das die Familien zusammenführt", ja auch sein kann.
Das war eine Krankenschwester. Und die nötigte durch dieses Bewußtsein einem nun nicht etwa ab, das Lied „Hoch klingt das Lied von der braven Frau" – respektive vom braven Mann – anzustimmen. Die freute sich, in diesen Tagen ihrer Arbeit nachgehen zu können – mit Nachtdienst, mit Tagdienst –, aber sie freute sich nicht angestrengt oder wichtigtuerisch. Sie wußte, daß sie etwas Sinnvolles tun würde – und drum hatte sie ja wohl auch den Beruf ergriffen –, aber es war für sie selbstverständlich. Sie erzählte von den Ärzten, die, wenn sie Frau und gar Kinder haben, freilich manchmal etwas betroffen sind, wenn sie Dienst tun; aber andererseits wissen auch sie, daß die Notwendigkeit, die Erkenntnis der Notwendigkeit, das ganz besondere *Klima* auch in einem Krankenhaus zu Weihnachten den Sinn dessen, was man zu tun hat, noch sinnvoller werden lassen. Nicht größer. Ohne Sentimentalität, sondern einfach wissend: Wer jetzt von den Patienten nicht heimgehen konnte, der brauchte wirklich Hilfe. Wer jetzt Schmerzen hatte, hatte sie womöglich doppelt. Über wen jetzt die Trauer herfiel, der mußte aufgefangen wer-

den. Von einem Arzt. Von einer Schwester oder Pflegerin. Und die Widmung, die der Patient erfahren konnte, war manchmal gelassener, war manchmal tapferer, geduldiger.

Und es sei nicht selten, so die Krankenschwester, daß neben dem Jammer und der begreiflichen Traurigkeit von Kranken, gerade von diesen eine große Kraft ausgehe. Natürlich sei der Geruch eines Tannenzweiges eine zärtliche Verbindung zurück in das, was an der Kindheit gut und beglückend gewesen war. Aber auf einmal Weihnachten, dieses un-vernünftige, ganz aus der reinen Verstandeswelt ausbrechende Fest, so einfach, so ganz auf sich gestellt zu erleben: das kann auch, wenn alle Sentimentalität notwendigerweise ganz von selbst abfällt – Sentimentalität, dieses Gefühl der Mörder, Sentimentalität, dieser Ersatz für wirkliches Gefühl, für wirkliche Empfindung –, das kann auf einmal etwas Neues in einem entstehen lassen. Daß dieses Weihnachten ja bloß der Beginn war. Bloß der Anfang. Aus dem durch lange Zeit hindurch etwas zu entstehen hatte. Das allerdings zu Unrecht in die Hände der Exegeten und der Dogmatiker, zu Unrecht in die Hälse der Ganzgenauwisser und Gehorsamforderer, zu Unrecht in die Pfoten der Händler und der Verfechter des offenen oder verkaufsfreien Samstags gefallen war.

Ja, das habe sie von Patienten erlebt, die auf einmal die Ruhe hatten, die aufgezwungene, aber auch die plötzlich daseiende Pause, über mehr als die Heilung der akuten Krankheit nachzudenken. Und die in diesem Weihnachten und die in dieser Gemeinschaft mit den Pflegenden, womöglich mit Heilungsversuchen Beschäftigten eine neue Dimension erlebten.

Ist das nicht so? Weihnachten verlangt nicht, daß man ein Heiliger wird. Aber da gibt es die Chance, einen Gedanken dahin zu schicken, wie man der Rabbi Hillel wird. Man selbst.

„Wir wissens ja oft nicht, die wir im Schweren sind bis über die Knie, bis an die Brust, bis ans Kinn", sagt Rainer Maria Rilke. „Aber sind wir denn im Leichten froh, sind wir nicht fast verlegen im Leichten? Unser Herz ist tief, aber wenn wir nicht hineingedrückt werden, gehen wir nie bis auf den Grund. Und doch, man muß auf dem Grund gewesen sein. Darum handelt sichs."

26. Dezember 1993

Inhalt

Das gelbe Zimmer	5
Die sehr geehrten Herumgeher	9
Eine süsse Qual	14
Rundfunk 1952	19
Abgeordneter, privatisiert	24
Heute ist der Drehtag mit der Blondine	29
Auch im Bild	34
Ein Magazin ruft an	39
Fritz Kortner ist tot	44
Er verkauft Zeitungen	48
Faschingdienstag	53
Zu Besuch aus Israel	58
Ich muss auch leben	63
Der Stier zögerte nur wenig	68
Der Geist geht zu Fuss	73
Jetzt hat er Urlaub	77
Solche Hühner waren das	82
Was nicht im Polizeibericht stand	87
Die Aproposzettel	92
Die Dame ist aus Plastik	97
Der Besserwisser	102

VERKÄUFLICH IST EIN ALTER KRAFTWAGEN	107
WUNDER IN ROT UND RUND	111
MUSKELKLEINKUNST	116
DIE EHRE, DIE EHRE	121
MENSCHEN AUF REISEN	125
DAS TELEPHON IST EINE INDISKRETE MASCHIN'	130
ZUM BEISPIEL OBERHOFGÄRTNERASPIRANT	135
MANNJAHR, FRAUJAHR	140
BEI UNS WÄR' SO WAS NICHT MÖGLICH	145
SOZUSAGEN	150
WENN DER SCHAUSPIELER ZUR PROBE KOMMT	155
DAS P FUNKTIONIERT WIEDER	160
HIMBEERCREME	165
JEDER AUF SEINEM EIGENEN BODEN	170
DANK FÜR EBERHARD FECHNER	174
NIEMANDSLÄNDER	179
WARST DU DER RABBI HILLEL?	184

Die Texte entsprechen den Manuskripten der „Schalldämpfer"-Sendungen und wurden für den Druck leicht redigiert.
Die Titel stammen nicht vom Autor.

© 1994 by Verlag Kremayr & Scheriau, Wien
Textauswahl und Lektorat: Brigitte Stammler
Schutzumschlagentwurf: Kurt Rendl, Wien
(Photo: Mara Eggert,
Frankfurt/Main)
Satz: Zehetner Ges. m. b. H., A-2105 Oberrohrbach
Druck und Bindung: Wiener Verlag, Himberg bei Wien
ISBN 3-218-00599-X

„Er hat seine Gabe mit Geist erfüllt"
Ernst Grissemann über Axel Corti

Axel Corti im Radio 1952–1993
auf vier CD's

CD 1: Eine Auswahl an „Schalldämpfern"
CD 2: Ausschnitte aus der Sendung „Menschenbilder", das Hörspiel „Seelenläuten", Axel Corti als Regisseur und Schauspieler
CD 3: Axel Corti als Reporter. Im Gespräch mit: Erika Brüning, Friedrich Torberg, Ernst Krenek u. a.
CD 4: Axel Corti als Schauspieler und Sprecher. Ausschnitte aus: „Radetzkymarsch" (Hörspielfassung), „Die letzten Tage der Menschheit", „Ein Jude geht nach Amerika", „Die größere Hoffnung" usw.

Bestellungen richten Sie bitte an:
Österreichischer Rundfunk
Programmproduktion-Hörfunk
Argentinierstraße 30a
1040 Wien